Henning Wode

Frühes Fremdsprachenlernen

in bilingualen Kindergärten
und Grundschulen

Westermann

Widmung

Für Bärbel und unsere Enkelkinder Laurenz, Paula, Jule, Louis, Jannis, Janne, Nina, Lasse und Johanna. Wir hoffen, dass wenigstens die Jüngeren von Euch noch etwas von dem, worum es in diesem Buch geht, haben werden.

© 2009 Bildungshaus Schulbuchverlage
Westermann Schroedel Diesterweg Schöningh Winklers GmbH, Braunschweig
www.westermann.de

Das Werk und seine Teile sind urheberrechtlich geschützt. Jede Nutzung in anderen als den gesetzlich zugelassenen Fällen bedarf der vorherigen schriftlichen Einwilligung des Verlages. Hinweis zu § 52 a UrhG: Weder das Werk noch seine Teile dürfen ohne Einwilligung gescannt und in ein Netzwerk eingestellt werden. Dies gilt auch für Intranets von Schulen und sonstigen Bildungseinrichtungen.

Auf verschiedenen Seiten dieses Buches befinden sich Verweise (Links) auf Internet-Adressen. Haftungshinweis: Trotz sorgfältiger inhaltlicher Kontrolle wird die Haftung für die Inhalte der externen Seiten ausgeschlossen. Für den Inhalt dieser externen Seiten sind ausschließlich deren Betreiber verantwortlich. Sollten Sie dabei auf kostenpflichtige, illegale oder anstößige Inhalte treffen, so bedauern wir dies ausdrücklich und bitten Sie, uns umgehend per E-Mail davon in Kenntnis zu setzen, damit beim Nachdruck der Verweis gelöscht wird.

Druck A[1] Jahr 2009

Redaktion: Nadine Wangler, Amira Sarkiss
Umschlaggestaltung: Nijole Küstner
Illustration: Anke am Berg
Herstellung: Heike Freese
Satz und technische Umsetzung: PER Medien+Marketing GmbH, Braunschweig
Druck und Bindung: westermann druck GmbH, Braunschweig

ISBN 978-3-14-**165001**-3

Vorwort zur Reihe

Für einen guten Start: Frühzeitig Kompetenzen stärken

Bereits Fröbel hatte auf den Bildungsauftrag des Kindergartens hingewiesen. Seit den siebziger Jahren des vorigen Jahrhunderts bemüht man sich, ihn zu konkretisieren. Unter dem Druck der PISA-Befunde und unterstützt durch die Empfehlungen des Forum Bildung vom Januar 2002, in denen die Bedeutung der vorschulischen Bildung und deren zentraler Stellenwert im Bildungsverlauf hervorgehoben wird, gewann vorschulische Bildung erneut an Aktualität. Es war jedoch die Entwicklung von Bildungsplänen, – initiiert durch den Bayerischen Bildungs- und Erziehungsplan – die zu einer Konkretisierung des Bildungsauftrags, zu einer Neudefinition von früher Bildung und zu einer Konkretisierung der Bildungsqualität geführt hat. Heute existiert in jedem Bundesland ein solcher Bildungsplan und viele sind bereits im Elementarbereich implementiert worden.

Damit einher ging eine stille Revolution: Im Mittelpunkt der Bildungspläne stehen nicht die Wissensvermittlung sondern die Lernprozesse. Bildungs- und Lernprozesse werden genutzt, um kindliche Kompetenzen zu stärken. Dafür wird eine liebgewordene Position verlassen: Lange Zeit wurde auf die Theorie der Selbstentfaltung zurückgegriffen und angenommen, dass das Kind eine natürliche Lernneugier entwickelt, die es veranlasst, sich seiner Umwelt zuzuwenden und diese zu explorieren. Auf diesem Wege lerne das Kind, die Welt zu begreifen und ihr Funktionieren zu verstehen. Das Kind wurde als Konstrukteur seiner eigenen Bildung betrachtet. Was war dabei die Aufgabe der pädagogischen Fachkraft? Sie war die Architektin der Lernumgebungen, die Bühnenbildnerin für die Szenerien, in denen das Kind den von ihm gesteuerten Bildungsprozess optimal gestalten konnte. Wo lag ihre Verantwortung bei diesem Prozess? Sie beobachtete das Kind dabei, wie es sich selbst bildet, nahm aber keinen direkten Einfluss auf diesen Selbstbildungsprozess. Viele der neueren Bildungspläne haben diese Position verlassen und vertreten stattdessen eine interaktionistische Auffassung von Entwicklung und Bildung. Dieser Auffassung zufolge ist Bildung das Ergebnis einer Interaktion, eines Dialogs des Kindes mit den Fachkräften, den Eltern und mit anderen Kindern. Kein Kind würde auf dem Weg der Selbstbildung ohne Dialog, ohne Kommunikation, ohne Interaktion mit anderen Menschen Sprache entwickeln können. Bildung wird deshalb als sozialer Prozess definiert, an dem sich das Kind und die Fachkräfte aktiv beteiligen. An die Stelle des Selbstbildungsansatzes tritt der Ko-Konstuktionsansatz, der besagt, dass Wissenserwerb und Sinnkonstruktion von Kind und Fachkraft gemeinsam erzeugt werden. Beide gestalten und verantworten diesen Prozess mit. Damit verändert sich nicht nur die Qualität des Bildungsverständnisses, sondern auch die der Beziehung zwischen Kind und Fachkraft.

Die neueren Bildungspläne stellen die Stärkung kindlicher Kompetenzen in den Mittelpunkt früher Bildungsprozesse. Dazu gehören vor allem individuumbezogene und soziale Kompetenzen, die es dem Kind ermöglichen, an der Gesellschaft teilzuhaben und diese mitzugestalten. Hinzu kommen lernmethodische Kompetenzen sowie die Stärkung der Widerstandsfähigkeit des Kindes. Diese Kompetenz ermöglicht es dem Kind, mit stressvollen Situationen so umgehen zu können, dass das individuelle Risiko reduziert wird. Diese Neuorientierung in den Bildungsplänen unterstreicht die Bedeutung bestimmter Prinzipien, die die Organisation von Bildungsprozessen begleiten, wie z. B. das Prinzip der Ganzheitlichkeit (Berücksichtigung aller Kompetenzbereiche) und das Prinzip der Entwicklungsangemessenheit (d. h. die Kinder werden nicht über- aber auch nicht unterfordert). Den Bildungsplänen liegt ein Bild vom Kind zugrunde, das von Anfang an kompetent ist und seine Entwicklung und Bildung aktiv mitgestaltet.

Unterstützt wird die Neubewertung frühen Lernens auch durch Befunde aus Psychologie, Erziehungs- und Neurowissenschaften. Kinder sind viel früher als angenommen in der Lage, Bildungsprozesse aktiv mitzugestalten. Auch die Position Piagets, wonach das Erreichen eines bestimmten Niveaus bei der kognitiven Entwicklung als Voraussetzung für Bildungsprozesse betrachtet wurde, musste aufgegeben werden.

Um Bildungsprozesse im angedeuteten Sinne organisieren zu können, benötigen Fachkräfte entsprechende Materialien und Informationen. Ein vielfältiges Angebot eröffnet die Chance, ko-konstruktiv Projekte durchzuführen, die dahinterliegenden Gesetzmäßigkeiten zu entdecken und den Verstehenshorizont zu erweitern. Die Reihe „Praxis Frühkindliche Bildung" liefert ein reichhaltiges und anregendes Angebot, das geeignet ist, Bildungsprozesse zu bereichern und den Ko-Konstruktionsprozess zu gestalten. Dabei werden sowohl praktische wie theoretische Fragen erörtert, auch die Ausbildung von pädagogischen Fach- und Lehrkräften wird thematisiert. Gemeinsam ist allen Büchern dieser Reihe, dass der Bildungsverlauf nicht als ein periodisierter sondern als kontinuierlicher Prozess betrachtet wird.

Prof. Dr. Dr. Dr. Wassilios E. Fthenakis September 2009

Inhalt

Vorwort 8

1. **Was will dieses Buch?** 11

2. **Weshalb frühe Mehrsprachigkeit für Kinder in Deutschland: Europäisierung und Globalisierung** . 16
   2.1 Die 3-Sprachenformel 17
   2.2 Warum so früh? 17
   2.3 Warum Immersion? 18
   2.4 Welche Sprachen? 19
   2.5 In welcher Reihenfolge und in welcher Institution? 20

3. **Was Immersion für die Entwicklung der Fremdsprache bringt** 25
   3.1 Die Bildergeschichten 25
   3.2 Zusammensetzung der Klassen 27
   3.3 Englisch am Ende des letzten Kitajahres/ zu Beginn der 1. Klasse 28
   3.4 Nach sieben Monaten in der 1. Klasse 31
   3.5 Ende der 2. Klasse 32
   3.6 Ende der 3. Klasse 32
   3.7 Ende der 4. Klasse 35
   3.8 Entwicklungstendenzen 36

4. **Was Immersion für die Entwicklung von Muttersprache und Fachwissen bringt** 40
   4.1 Erfahrungen mit Immersion in Kanada 41
   4.2 L1-Fähigkeiten 42
   4.3 Fachunterricht: Beispiel Mathematik 45

5. **Was man über das Sprachenlernen wissen muss** 49
   5.1 Ängste und Vorurteile gegenüber früher Mehrsprachigkeit . 49
   5.2 Zur menschlichen Sprachlernfähigkeit 53
       5.2.1 Spracherwerbstypen 54
       5.2.2 Grundzüge des Spracherwerbsprozesses 54
       5.2.3 Spracherwerb, Alter und IM 62
   5.3 Spracherwerb und Sozialisation: Zur Rolle der stärkeren Sprache der Kinder 64

5.4 Sprachen lernen in der Schule: Was sichert den Erfolg? 67
    5.4.1 Intensität, Dauer und strukturelle Vielfalt 67
    5.4.2 Einstellung zu Schule, Bildung und Literalität 68

6. Bilinguale Kindertageseinrichtungen: Kitas und Krippen 73
6.1 Struktur und Funktionsweise bilingualer Kitas 74
6.2 Dieselbe Organisationsform für alle Kinder? 75
6.3 Einige Beispiele für erfolgreiche immersive Kitas 76
    6.3.1 Monolinguale deutschsprachige Kinder oder mehrsprachige Kinder mit Deutsch als stärkerer Sprache . . 77
    6.3.2 Erwerb von Minderheitensprachen durch Kinder der Majoritätensprache 82
    6.3.3 Kitas für Kinder mit Migrationshintergrund 85
6.4 Meilensteine der Entwicklung der neuen Sprache in der Kita 88
6.5 Was sich für die Arbeit in immersiven Kitas bewährt hat . . . 89

7. Immersion in der Grundschule 98
7.1 IM-Modelle: Adaptionsmöglichkeiten. 98
7.2 Gleitender Übergang von der Kita in die Grundschule 99
7.3 Alphabetisierung und englische Orthographie: Überzogene Ängste 99
7.4 Was geschieht im Unterricht? 100
7.5 Übergang in den Sekundarbereich. 104
7.6 Erzieher und Lehrkräfte: L1- oder L2-Sprecher? 105
7.7 … und die Eltern? 106
    7.7.1 Zentrale Aufgabe der Familie: Förderung der L1 106
    7.7.2 Zum Umgang mit der neuen Sprache in der Familie. . 109

8. Epilog: Bildung für Kinder braucht eine Lobby 112
8.1 *Canadian Parents for French (CPF):* Ein Lehrstück aus Kanada 112
8.2 Nur die paar Kinder aus Altenholz … 114
8.3 Weshalb gerade Immersion für Deutschland? 115
8.4 Aber es fehlen ausgebildete Erzieher und Lehrkräfte. 117
8.5 Zur Rolle der Lehrkraft: Kinder eigenständig lernen lassen . 117
8.6 Quereinsteiger. 118
8.7 Anschluss an den Sekundarbereich 119
8.8 Früher L2-Erwerb, kognitive Entwicklung und lebenslanges Lernen. 119

Lektürevorschläge zum Vertiefen 122

Wie man an Rat und weitere Informationen kommt 125

Bibliographie 128

Vorwort

Als Folge der weltweiten Globalisierung und der Liberalisierung des Arbeitsmarktes innerhalb der EU hat sich die Bildungslandschaft in den letzten beiden Jahrzehnten in Deutschland für den sprachlichen Bereich drastisch verändert.
- Fremdsprachen werden bereits in der Grundschule gelernt.
- Die besonderen Schwierigkeiten von Kindern aus bildungsfernen Familien und/oder Kulturen sind bekannt und man stellt sich ihnen, indem man Fördertechniken anbietet.
- Konsens besteht darüber, dass die Zeit vor der Einschulung – in Krippen, Kindertageseinrichtungen – als ein für das Lernen besonders fruchtbarer Lebensabschnitt viel stärker einbezogen werden sollte.

So erfreulich dieser Konsens über die aktuellen Ziele auch sein mag, die Kinder, ihre Eltern, die Praktiker vor Ort, selbst die politischen Entscheidungsträger in den zuständigen Ministerien müssen sich im Stich gelassen fühlen, solange nicht auch gezeigt wird, wie diese Ziele erreicht werden können. Wie lässt man denn Kinder in der Grundschule am besten eine weitere Sprache lernen? Und wie in der Kita? Wie in der Krippe?

Es gibt inzwischen eine Fülle von Ansätzen, doch wie die Lösung für diese Herausforderungen in Deutschland oder den anderen nationalen Bildungssystemen letztlich aussehen könnte, ist derzeit alles andere als klar erkennbar. Gefunden werden müssen Ansätze, die es den Kindern ermöglichen, die Ziele der 3-Sprachenformel der EU auch tatsächlich zu erreichen. Gemeint ist, dass in der EU jedes Kind die Chance haben soll, im Laufe seiner Schulzeit ein funktional angemessenes Niveau in mindestens drei Sprachen zu erreichen. Nur dann werden die „Kleinen" von heute auch morgen international konkurrenzfähig sein.

Dem hier angedeuteten Problembereich dürfte in den kommenden 10 bis 20 Jahren eine überragende Bedeutung in den bildungspolitischen Diskussion zukommen. Deshalb bietet die Reihe *PRAXIS* Frühkindliche Bildung eine Bühne für einen Gedankenaustausch zu allen Aspekten des Themas an. Thematisiert werden sollen praktische wie wissenschaftliche Probleme, theoretische wie angewandte, lerntheoretisch-psycholinguistische wie didaktische, Fragen der Ausbildung von Erziehern und Lehrkräften usw. Dabei ist die Reihe nicht ausschließlich für bilinguale Themen gedacht. Die verbindende Klammer sollte sein, dass die Periodisierung des Bildungsprozesses in Krippe, Kita, Grundschule und weiterführende Schule zurückgenommen und stattdessen die gesamte Zeitspanne als ein integrierter Verbund gesehen wird; dass die kontinuierlichen Prozesse deutlich hervorgehoben werden, und dass sich die Ziele dessen, was erreicht werden soll, aus der 3-Sprachenformel und damit aus den Zwängen der Globalisierung und Europäisierung, wie Kinder sie gegenwärtig erleben, ergeben.

Dieses Buch ist aus der Überzeugung entstanden, dass jedes Kind einen Anspruch auf eine moderne leistungsstarke Bildung hat. Solange wissenschaftliche Evaluationen oder Tests nach dem Muster von PISA belegen, dass unsere Schulen im internationalen Vergleich in vielen Fällen noch nicht einmal den Durchschnitt erreichen, ist die Verpflichtung der älteren Generation(en), für eine leistungsfähige Bildung zu sorgen, nicht eingelöst. Das gilt auch für die Vermittlung von (Fremd-)Sprachen.

Dass Fremdsprachen schon in der Grundschule gelernt werden, ist heute akzeptiert. Es ist in den Lehrplänen der meisten Bundesländer verankert. Allerdings werden z. T. unterschiedliche Ansätze verfolgt. Deshalb drängen sich zwei Fragen auf:
- Welcher Ansatz bzw. welche Ansätze bringen am meisten?
- Wie muss unser Bildungssystem weiterentwickelt werden, damit zumindest mittel- und längerfristig möglichst viele Kinder auch im Hinblick auf ihre Sprachkenntnisse eine Schulbildung erhalten, die sie international konkurrenzfähig macht?

Dass ein solches Niveau bei einem Fremdsprachenunterricht von zwei Stunden pro Woche, gleichgültig ob ab 1. oder 3. Klasse, nicht einmal annähernd erreicht wird, beklagen Wissenschaftler (z. B. Sauer 2000) und Lehrkräfte gleichermaßen (z. B. Böttger 2009). Erforderlich sind ertragreichere Ansätze. Nur: Welche könnten das sein? Hier klafft eine riesige Informationslücke. Sie zu stopfen ist das Anliegen dieses Buches.

Vorgestellt wird die Immersionsmethode (IM). Sie gilt weltweit als die derzeit mit Abstand erfolgreichste Methode zur Vermittlung von Fremdsprachen, und sie ist zugleich – ebenfalls mit Abstand – die kostengünstigste.

In anderen Ländern wird IM seit vielen Jahrzehnten überaus erfolgreich eingesetzt. In Deutschland hat man auf diese Entwicklung in den öffentlichen Schulen noch nicht reagiert. Kein Wunder daher, dass in der Regel weder Erzieher, Lehrkräfte, Eltern noch die politisch Verantwortlichen angemessene Vorstellungen davon haben, was bei früher Sprachförderung und frühem Fremdsprachenerwerb mit modernen Methoden erreicht werden kann. Deshalb sollten alle am Bildungsprozess Beteiligten, auch Nichtfachleute, Bescheid wissen, sodass auch sie in der Lage sind, etwaige Vorschläge oder gar Maßnahmen zu beurteilen und notfalls als unzureichend, veraltet oder zu wenig ertragreich zurückweisen und ertragreichere einfordern zu können.

In der Tat sind die Ergebnisse derart gut, dass große Wirtschaftsunternehmen frühkindliche Bildung als Instrument ihres Personalmanagements einzusetzen beginnen. So hat z. B. die Daimler AG an ihren größeren Standorten betriebseigene Krippen eingerichtet. Eines der Ziele ist, mit Hilfe der Immersionsmethode kindgemäß und altersgemäß Mehrsprachigkeit auf hohem Niveau zu fördern. Wer könnte es gutheißen, wenn sich unser öffentliches Bildungssystem diesen Neuerungen verschließt? Deshalb soll dieses Buch alle Beteiligten – Erzieher, Lehrkräfte, Eltern und politisch Verantwortliche gleichermaßen informieren, damit die Ziele gemeinsam angegangen werden können und niemand sich übergangen fühlt.

Dank schulde ich vielen, vor allem den Kindern, Eltern und Mitarbeitern der *AWO-Kindertagesstätte Altenholz*, der *Rappelkiste* in Rostock und den Lehrkräften der Claus-Rixen-Schule, Altenholz, wo die Erprobung und die wissenschaftlichen Evaluierungen vorgenommen wurden; der großen Zahl der Studierenden, die mit Begeisterung an den Forschungsarbeiten teilgenommen, sie kritisch begleitet und die Teilergebnisse Schritt für Schritt zusammengetragen haben; meinen Mitarbeitern für die Anregungen, Kritik und ihren unermüdlichen Einsatz; und der Landesregierung des Landes Schleswig-Holstein, dass diese Erprobung möglich wurde.

Mein ganz besonderer Dank gilt Uta Fischer, Ruth Pasternak und Annette Lommel für viele Stunden bohrender Diskussionen darüber, wie das Altenholzer Modell am besten zu entwickeln sei.

H. Wode
Kiel, September 2009

Was will dieses Buch?

Ohne Frage: Die derzeitigen Bemühungen, die erste Fremdsprache bereits in der Grundschule einzuführen, betreffen ein besonders wichtiges Problem, das im Zuge der Weiterentwicklung des deutschen Bildungssystems ganz dringend gelöst werden muss. Dabei geht es längst nicht mehr darum, ob Fremdsprachen früh gelernt werden sollen, sondern wie dies möglichst effektiv, kindgerecht und kostengünstig geschehen kann. Die rasant fortschreitende Europäisierung und Globalisierung nicht nur von Wirtschaft und Politik lassen keine andere Wahl. Wir müssen umdenken.

Gute Fremdsprachenkenntnisse, insbesondere des Englischen, stellen heute keine besondere Qualifikation mehr dar. Sie sind, wie der Führerschein oder der Umgang mit dem PC, eine unerlässliche Voraussetzung für beruflichen Erfolg nicht nur in hochrangigen Positionen. Deshalb muss, wie in anderen Ländern auch, unser Bildungssystem darauf ausgerichtet werden, dass alle Kinder mehr Fremdsprachen lernen, und zwar mit deutlich besseren Ergebnissen als bisher. Wie kann dies am besten bewerkstelligt werden?

Bekanntlich werden zweite und weitere Sprachen dann besonders erfolgreich gelernt, wenn früh damit begonnen wird. Wenn die Lernenden intensiven Kontakt zur neuen Sprache erhalten und auf das im herkömmlichen Fremdsprachenunterricht übliche Üben, Korrigieren und Erklären verzichtet wird. Das ermöglicht es den Kindern, sich die neue Sprache eigenständig so zu erschließen, wie wir es mit der Muttersprache tun. Es ist unsere natürliche, genetisch angelegte Art, Sprachen zu lernen. Sie lässt sich auch in der Schule nutzen und ist dort als Immersionsmethode (IM) bekannt. IM beruht darauf, den natürlichen Sprachlernfähigkeiten Möglichkeiten zu ihrer vollen Entfaltung zu geben. Es überrascht daher nicht, dass IM weltweit die mit Abstand erfolgreichste Methode ist, Fremdsprachen in der Schule zu lernen.

In Deutschland lässt sich IM besonders erfolgreich nutzen, wenn schon in Kindertageseinrichtungen (Kita) oder in der Krippe begonnen wird und die neue Sprache anschließend kontinuierlich und immersiv bis zum Ende der Grundschule weiter gefördert wird, indem der gesamte Unterricht außer im Fach Deutsch in der neuen Sprache durchgeführt wird, sie also die Unterrichts- bzw. Arbeitssprache ist.

Was will dieses Buch?

Dieses Buch erläutert das Verfahren und beschreibt seine Leistungsfähigkeit an Beispielen aus Deutschland und anderen Ländern. Bevorzugt wird dabei auf die Erfahrungen aus der Claus-Rixen-Schule im Verbund mit der *AWO-Kindertagesstätte*, beide in Altenholz/Kiel, zurückgegriffen. Dort wird das Modell seit 1996 erstmals unter intensiver wissenschaftlicher Begleitung erprobt.

Bei der Beurteilung des Gelesenen sollte man daher stets zweierlei im Blick behalten: Einerseits ist die Zahl der bislang einbezogenen Kinder natürlich noch sehr gering; andererseits aber decken sich die Ergebnisse aus Altenholz mit denen, die seit Jahrzehnten bei Millionen von Kindern erzielt werden, die in anderen Ländern und Kulturkreisen immersiv unterrichtet werden. Die Altenholzer Ergebnisse sind daher – weltweit gesehen – alles andere als ungewöhnlich.

In Altenholz kommen die Kinder mit drei Jahren in eine englisch-deutsch bilinguale Kita. Dort ist die Muttersprache (L1) der Kinder in den meisten Fällen Deutsch, die Arbeitssprache Englisch. In der Grundschule wird Englisch kontinuierlich und intensiv weitergeführt, indem es in allen Fächern bis auf Deutsch als Unterrichtssprache eingesetzt wird. Dies ist die Voraussetzung dafür, dass die Kinder sich die englische Sprache so aneignen können, wie sie ihre Muttersprache gelernt haben. Folglich kann eine Methode kaum kindgerechter sein.

Schon gegen Ende des 1. Schuljahres erreichen die Kinder ein Niveau, das sich, z.B. bei Schülern der Europa-Schule in Varese, Italien, in der Regel erst nach drei bis vier Jahren eines intensiven Englischunterrichts ab der ersten Klasse von mindestens fünf Stunden pro Woche einstellt. Darüber hinaus bestätigen jüngste internationale Tests, dass die Kinder von Altenholz am Ende der 4. Klasse zur Weltspitze im Hinblick auf das Niveau gehören, das an Fremdsprachenkenntnissen in schulischen Kontexten erreichbar ist.

Die Immersionsmethode erfordert keine zusätzlichen Lehrkräfte, ist also in dieser Hinsicht kostenneutral. Sie stellt ferner sicher, dass die Entwicklung der Muttersprache (L1), die Inhalte der Fächer und die kognitive Entwicklung der Kinder noch stärker als im herkömmlichen Unterricht gefördert werden.

Das vorliegende Buch ist nicht als wissenschaftlicher Bericht angelegt, sondern es soll praxisorientiert einen möglichst breiten Kreis derer informieren, die mit Bildung und Erziehung zu tun haben. Es soll sie auf das Potenzial früher IM aufmerksam machen, damit die Bereit-

schaft wächst, das Verfahren auch anderen Orts einzusetzen. Erkennen sollen:
- Erzieher und Lehrkräfte den Spielraum, den die Ergebnisse der jüngeren Spracherwerbs- und Unterrichtsforschung bieten, um die bisherigen Formen des Fremdsprachenunterrichts weiterzuentwickeln;
- Eltern, welches natürliche Sprachlernpotenzial in Kindern steckt;
- Hochschulen und die anderen Aus- und Fortbildungsinstitutionen, dass die gegenwärtige Erzieher- und Lehrerausbildung dringend aktualisiert werden muss, damit auch die Kinder aus Deutschland international mithalten können;
- die politisch Verantwortlichen, dass die erforderlichen rechtlichen und anderen Rahmenbedingungen schnell geschaffen werden müssen, damit der jungen Generation ihre Chancen nicht verbaut bleiben.

Im Einklang mit diesen Zielen ist das Buch inhaltlich vor allem auf die Themen ausgerichtet, die für die Akzeptanz von IM in der Öffentlichkeit und die praktische Umsetzung in den Krippen, Kitas und Schulen besonders wichtig sind, nämlich:
- Warum so früh beginnen?
- Welches Kompetenzniveau soll erreicht werden?
- Wie soll dieses Ziel erreicht werden?
- Welches Niveau lässt sich tatsächlich erreichen und wo kann man sich davon überzeugen?
- Wie müssen Kita und Grundschule koordiniert werden, damit derartige Ergebnisse erzielt werden können?
- Welches sind die besonderen Probleme, ggf. auch Vorurteile, Ängste oder Risiken, auf die geachtet werden muss?
- Was muss man über Spracherwerb wissen, damit die Leistungsfähigkeit von IM erklärbar wird?

Die ersten drei Fragestellungen hängen eng miteinander zusammen. Sie bilden den Ausgangspunkt und werden deshalb als Einstieg in Kapitel 2 besprochen. Die Fragen drei und vier stellen das „Herzstück" dar, denn die Diskussion um IM kann nur dann wirklich fruchtbar werden, wenn die Möglichkeit geschaffen wird, sich anhand authentischer Texte oder direkt vor Ort davon zu überzeugen, dass und wie IM tatsächlich funktioniert. Kapitel 3 illustriert mithilfe von Textausschnitten aus Bildernacherzählungen die Entwicklung des Englischen von der 1. bis zur 4. Klasse bei deutschen IM-Schülern aus Altenholz. In Kapitel 4 wird ergänzend gezeigt, dass weder die Entwicklung der Muttersprache (L1) und der mathematischen Kenntnisse, noch die Inhalte der anderen immersiv unterrichteten Fächer leiden. Vor diesem Hintergrund stellt sich von selbst die Frage, wie der immersive Verbund von Kita und Grundschule organisiert sein muss, damit beide ihren vollen Nutzen entfalten können. Das wiederum versteht nur derjenige, der bereit ist, bestimmte herkömmliche Vorstellungen über die Art, wie Sprachen erworben werden, zu revidieren und sich mit den wichtigen Ergebnissen der modernen Spracherwerbsforschung, insbesondere der Zweitsprachenforschung in Kapitel 5 vertraut macht. Dann kann gefragt werden, wie bei IM die immersive Kita (Kapitel 6) und die Grundschule (Kapitel 7) arbeiten müssen, und welchen Beitrag beide für das Gesamtergebnis erbringen. Entsprechend dem Anliegen dieses Buches sind in Kapitel 8 die Schlüsselargumente zusammengefasst, die sich bislang als besonders hilfreich bei Versuchen erwiesen haben, IM im deutschen Bildungssystem zu etablieren. Lektürevorschläge zur Vertiefung des Gelesenen und Hinweise, wo man sich gegebenenfalls auch Rat holen kann, runden den Text ab.

Insgesamt sind die einzelnen Kapitel so ausgerichtet, dass all jene Fragen, Vorbehalte und Ängste aufgegriffen werden, die im Zusammenhang mit der Immersionsmethode in Kita und Grundschule immer wieder vorgebracht werden.
- Eignet sich IM-Unterricht nur für besonders gute Schüler?
- Erfordert IM eine besondere Begabung?
- Können Kinder ohne Vorkenntnisse aus der Kita-Zeit am IM-Unterricht teilnehmen?
- Überfordert die frühe IM die Kinder nicht in ihrer geistigen Entwicklung?
- Muss nicht die L1 (Muttersprache) gefestigt sein, ehe die zweite Sprache in Angriff genommen werden kann?
- Wie geht man mit Kindern um, die von zu Hause aus bereits mehrere Sprachen sprechen?
- Müssen Kinder mit Lernschwierigkeiten ausgeschlossen werden?
- Wie sollte der Übergang in die weiterführenden Schulen organisiert werden?

* * *

Wichtig: In diesem Buch geht es zentral um Lernen. Nicht nur, wer sich mit Erziehung und Bildung in Krippe, Kita und/oder Grundschule etwas auskennt, wird zu Recht davon ausgehen, dass eine angemessene Motivation und ein gutes, emotional stabiles und von Vertrauen geprägtes Verhältnis der Kinder zu ihren Erziehern und Lehrkräften eine unabdingbare Voraussetzung für den Lernerfolg ist. Diese Einschätzung gilt uneingeschränkt auch für IM und damit auch für diesen Beitrag. Sie muss daher nicht weiter thematisiert werden.

Die IM-Methode und ihre Leistungsfähigkeit ist bereits für andere Länder in Überblicken beschrieben worden, insbesondere für Kanada und Nordamerika (z. B. Genesee 1987, Rebuffot 1993 oder jüngst Wesche 2002). Ergänzend gibt es Sammlungen mit Einzeldarstellungen ausgewählter Modelle – z. B. Johnstone/Swain 1997 mit weltweitem Bezug oder Baetens Beardsmore 1993 mit europäischen Modellen. Diese Studien helfen in der gegenwärtigen Situation so lange nur begrenzt weiter, wie sie die besondere Problematik der 3-Sprachenformel (s. Seite 17) nicht thematisieren. Nach wie vor ist Wode 1995 der einzige monographische Überblick, in dem IM mit einer internationalen Perspektive so geschildert wird, dass die zunehmende Europäisierung und Globalisierung in den Mittelpunkt gerückt wird. Eine umfangreiche Aufsatzsammlung mit Schwerpunkt IM in Europa findet sich bei Arnau/Artigal 1998.

Davon unabhängig gibt es auch für Deutschland bereits einige Sammelbände mit anschaulichen Berichten und z. T. ausgeprägtem Praxisbezug, in denen einzelne Modelle der Frühvermittlung oder Grundsätze der pädagogischen Arbeit vorgestellt werden (z. B. Hermann-Brennecke 1999, Heine et al. 2003, Doyé 2005).

2 Weshalb frühe Mehrsprachigkeit für Kinder in Deutschland: Europäisierung und Globalisierung

Die Bedeutung, die heute angesichts der zunehmenden Europäisierung und Globalisierung guten Sprachkenntnissen zukommt, wird noch immer häufig unterschätzt oder verkannt.

Beispielsweise wird die gegenwärtige Diskussion um den Frühbeginn des Englischen in der Grundschule von Eltern oft so geführt, als ginge es lediglich darum, das Niveau des Englischen bis zum Ende der Schulzeit zu verbessern. Einige Eltern wünschen den Frühbeginn, weil sie hoffen, auf diese Weise ihren Kindern die Jahre im Gymnasium erleichtern zu können. Solche Motive sind zwar verständlich und nachvollziehbar, treffen aber nicht den Kern der Herausforderung.

Das übergeordnete Ziel ist, dass allen Kindern ermöglicht werden soll, während ihrer Schulzeit mindestens drei Sprachen auf einem funktional angemessenen Niveau zu lernen: ihre Muttersprache (L1) und zwei weitere Sprachen. Die zentralen Fragen sind daher:
- Welche Sprachen sollte ein modern ausgerichtetes Bildungssystem in seinen Institutionen anbieten?
- Welche Sprachen sollten die Kinder im Einzelfall, z. B. in Anbetracht des sprachlichen Hintergrundes, den sie von zu Hause mitbringen, wählen?
- Wie gut sollen die neuen Sprachen gelernt werden?
- Wie müssen die Institutionen organisiert werden, damit das Ziel auch tatsächlich bis zum Ende der Schulzeit erreichbar ist?
- Welches Potenzial steckt – über die effiziente Vermittlung von Sprachen hinaus – noch in IM?

2.1 Die 3-Sprachenformel

Die Konsequenzen, die sich aus der Europäisierung und Globalisierung für das Fremdsprachenangebot in den Institutionen ergeben, lassen sich in der 3-Sprachenformel zusammenfassen. Ihr Inhalt ist mehrfach in offiziellen Dokumenten festgehalten (z. B. für die EU in Europäische Kommission 2004) und damit für alle EU-Mitgliedsländer verpflichtend gemacht worden. Die Formel besagt, dass alle Kinder in Zukunft die Chance haben sollen, im Laufe ihrer Schulzeit mindestens drei Sprachen so zu lernen, dass sie funktional angemessen sind, d.h. für die Ansprüche auch außerhalb der Schule, etwa im Beruf, ausreichen. Was unter *funktional angemessen* verstanden werden muss, lässt sich unschwer an den Stellenanzeigen in den großen Tageszeitungen ablesen.

2.2 Warum so früh?

Im Hinblick auf die Umsetzung der 3-Sprachenformel besteht das Kernproblem darin, dass im Sekundarbereich nicht genug Zeit vorhanden ist, um eine weitere Fremdsprache so intensiv zu fördern, dass das erforderliche Niveau erreicht werden kann. Vor allem aus diesem Grund führt kein Weg an einem früheren Beginn vorbei. Nur, wie früh denn? Welche Alternativen bieten sich, und nach welchen Gesichtspunkten können sie beurteilt werden?

Die Auswahlkriterien liegen auf der Hand. Neben den Kosten und der Verfügbarkeit von Erziehern und Lehrkräften sind vor allem die Lernfähigkeiten der Kinder und externe Faktoren in Verbindung mit dem verwendeten Lehrverfahren entscheidend. IM bietet die Möglichkeit, diese Faktoren so zu verknüpfen, dass die 3-Sprachenformel ohne zusätzliche Stunden und ohne zusätzliches Personal erfüllt werden kann.

Das Ziel der 3-Sprachenformel lässt sich nicht erreichen, wenn der Fremdsprachenunterricht erst in der 5. Klasse im Alter von 10 Jahren beginnt oder in Klasse 3 mit ein bis zwei Wochenstunden eingeführt wird. Erfahrungsgemäß reicht die Zeit gerade, um die erste Fremdsprache durch bilingualen Unterricht in der weiterführenden Schule auf ein funktional angemessenes Niveau zu bringen. Folglich führt an der Frühvermittlung von Fremdsprachen kein Weg vorbei. Die Frage ist nur wie früh und nach welchem Ansatz?

2.3 Warum Immersion?

Der Schlüssel zur Lösung dieser aktuellen bildungspolitischen Herausforderung liegt im Lehrverfahren. Die Immersionsmethode hat gegenüber anderen eine Reihe von Vorzügen:
- Sie gilt weltweit als das mit Abstand erfolgreichste Sprachlehrverfahren;
- sie ist besonders kindgerecht, weil sie der natürlichen Art, wie Sprachen gelernt werden, entspricht;
- sie ermöglicht den intensivsten Kontakt zur neuen Sprache;
- sie erfordert keine zusätzlichen Stunden und Lehrkräfte, ist also in diesen Punkten kostenneutral.

Wissenschaftlich nachgewiesen (Genesee 1987, Wode 1995, Wesche 2002) ist,
- dass mit IM ein beträchtlich höheres Niveau für die Fremdsprache erreicht wird als bei den herkömmlichen lehrgangsorientierten Formen des Fremdsprachenunterrichts;
- dass keine Defizite in den immersiv unterrichteten Fächern auftreten;
- dass die Muttersprache und die kognitive Entwicklung der Kinder gefördert wird;
- dass die Teilnahme keine besondere Begabung erfordert;
- dass IM für Kinder aus allen sozialen Milieus geeignet ist. Allerdings sind je nach sprachlicher und sozio-kultureller Situation der Kinder unterschiedliche Modelle erforderlich.

Dass sich mit IM wie bei keiner anderen Methode die Intensität des Kontaktes zur neuen Sprache so enorm steigern lässt, beruht darauf, dass die zu lernende Sprache zur Arbeitssprache in den anderen Fächern gemacht wird. Das hat zur Konsequenz, dass die Unterrichtszeit doppelt genutzt wird, nämlich für den Sachunterricht und – gleichzeitig – für die Vermittlung der neuen Sprache. Je nachdem wie viele Fächer immersiv unterrichtet werden, entfallen auf diese Weise bis zu 70 % der gesamten wöchentlichen Unterrichtszeit auf die neue Sprache, ohne dass an der Zeit für den Sachunterricht gespart werden muss. Derartige Intensitätsgrade, sprich Anzahl der Stunden, sind für den lehrgangsorientierten Fremdsprachenunterricht, der ja auf Stundenbasis erteilt wird, völlig undenkbar.

International ist es zwar üblich, die Intensität von IM – also den Anteil der Unterrichtszeit, der auf IM entfällt – in Prozent der gesamten Unterrichtszeit anzugeben. Solche Angaben können aber irreführend sein. Denn in einer Halbtagsschule, wie derzeit in den meisten Fällen in Deutschland nach wie vor üblich, ist ein Wert von 70 % absolut gesehen beträchtlich geringer als in einer Ganztagsschule, wie es in angelsächsisch oder frankophon geprägten Schulsystemen der Fall ist.

Dessen ungeachtet ist allerdings kaum ein Lehrverfahren kindgemäßer als IM, da bei ihm jegliches Erklären, Korrigieren oder Üben unterbleiben kann. ==Das Lernen ist den Kindern überlassen==. So wird sichergestellt, dass sie nicht überfordert werden und die Modalitäten des Lernens selbst bestimmen. Folglich können sie so vorgehen, wie im nichtschulischen L2-Erwerb. IM ermöglicht wie kein anderes Lehrverfahren die Aktivierung der natürlichen Sprachlernfähigkeiten der Kinder. Und das auch in solchen Fällen, in denen Kinder mit geringen oder ohne Vorkenntnisse hinzukommen.

Letztlich lassen sich mit IM die Kosten für den Fremdsprachenunterricht im Allgemeinen und für die Frühvermittlung im Besonderen senken. Es ist nicht notwendig, zusätzliche Stunden und Lehrkräfte bereitzustellen. Bei IM entstehen hier keine Kosten, da die Kinder, die Zeit, die sie ohnehin in der Schule verbringen, doppelt nutzen – für den Sachunterricht, wie ihn die Lehrpläne vorsehen, und für den Erwerb der neuen Sprache. Daher bietet sich aus finanziellen und Effektivitätsgründen IM nicht nur in Krippe, Kita und Grundschule, sondern für alle Überlegungen zur Weiterentwicklung des Fremdsprachenunterrichts an.

2.4 Welche Sprachen?

Die Frage, welche Sprachen gelernt werden sollten, kann sich auf zwei verschiedene Sachverhalte beziehen. Zum einen darauf, welche Sprachen innerhalb eines Bildungssystems bzw. einer Schule überhaupt angeboten werden sollen, und zum anderen darauf, welche Sprachen ein Schüler im konkreten Einzelfall davon wählen sollte.

Allgemein gesprochen sollte eine der drei Sprachen eine große Weltsprache sein, also Englisch, Spanisch oder Mandarin-Chinesisch; die zweite eine der vielen mittelgroßen, etwa Deutsch, Französisch, Griechisch, Hindi, Russisch usw. Als dritte Sprache kommt durchaus eine kleinere in Frage, und zwar möglichst aus der jeweiligen Region, etwa Dänisch in Schleswig-Holstein (z. B. Wode 1995), Niederländisch im Emsland und Nordrhein-Westfalen, Polnisch bzw. eine baltische Sprache in Mecklenburg-Vorpommern (Bien-Lietz/Vogel 2008) oder Polnisch und Tschechisch in Brandenburg und Sachsen (Freistaat Sachsen 2007). Bekanntlich sind es ja gerade die Erfahrungen mit der auf *team*-Fähigkeit basierenden modernen Arbeitsweise in supranationalen Organisationen wie UNO, NATO oder internationalen Projekten und global operierenden Firmen, die eine solche Kombination nahe legen. Allerdings sollten nicht alle Kinder dieselbe Kombination an Sprachen lernen. Denn das würde ihre Chancen auf dem Arbeitsmarkt schmälern.

Ferner zeigt sich im Rahmen solcher Überlegungen, wie unangemessen es wäre, allein auf das Englische als Fremdsprache zu setzen. Es gibt kein Land auf der Welt, in dessen Bildungssystem Englisch nicht unterrichtet wird. Folglich besteht weltweit ein besonderer Bedarf für den zusätzlichen Erwerb weiterer Sprachen.

Außerdem ist es wichtig, dass nicht nur die traditionell in der Schule gepflegten Fremdsprachen, sondern auch die regional vorhandenen kleineren Sprachen inklusive der Migrantensprachen einbezogen werden. Wer die sprachliche und kulturelle Vielfalt in Europa wirklich erhalten will, muss dafür sorgen, dass z. B. in mehrsprachigen Gebieten auch jene Sprachen schulisch gefördert werden, die bislang gar nicht oder nur marginal im öffentlichen Erziehungssystem berücksichtigt werden.

2.5 In welcher Reihenfolge und in welcher Institution?

Diese Fragen drängen sich im Zusammenhang mit der 3-Sprachenformel geradezu von selbst auf. Beide Fragen hängen eng zusammen. Ihre Lösung kann im Einzelfall überaus komplex sein. Berücksichtigt man jedoch die sprachliche Situation der Kinder in ihren Familien und in ihrem Umfeld, dann wird deutlich, dass es sich empfiehlt, drei Fälle zu unterscheiden:
- einsprachig mit Deutsch aufwachsende Kinder (a);
- Kinder aus autochthonen Minderheiten, wie die Friesen oder Sorben, die die Herkunftssprache ihrer Eltern bzw. Großeltern lernen sollen (b);
- Kinder mit nicht-deutscher Muttersprache, die Deutsch, ihre Familien- bzw. Herkunftssprache und eine große Weltsprache lernen sollen (c).

Für die Einschätzung der sprachlichen Situation der Kinder ist wichtig, dass vier Aspekte geklärt werden:
- Welche Sprachen werden in der Familie gesprochen?
- Ist die Landessprache dabei?
- Wie weit beherrschen die Kinder die Landessprache, gleichgültig ob als L1 oder L2?
- Welche Sprachen werden vor Ort und/oder in der Klasse gesprochen?

Die Problematik in der Bewältigung der Aufgabe liegt für die drei Gruppen (a–c) nicht darin, dass von Unterschieden in ihren psycholinguistischen Sprachlernfähigkeiten auszugehen ist. Sie sind, wie bereits mehrfach betont, für alle Kinder gleich. Die Problematik liegt in der motivationellen Bereitschaft der Kinder, eine bestimmte Sprache zu lernen (Einzelheiten in Kapitel 4).

Insgesamt sollte niemand glauben, es gäbe eine schlichte Formel, nach der die drei Gruppen einheitlich versorgt werden könnten. Das einzig gemeinsam bindende ist, dass die L1 in der Familie gelernt werden muss, dass die Familien diese Aufgabe sehr ernst nehmen sollten und dass Bildung nicht ausschließlich über die L1 sondern auch über eine L2, L3 usw. vermittelt werden kann, ohne dass ein Qualitätsverlust zu befürchten ist.

a) Monolinguale Kinder mit Deutsch als L1

Diese eben unter (a) skizzierte Situation betrifft nach wie vor die überwiegende Mehrzahl der Kinder in Deutschland. Sie sind einsprachig, sprechen zu Hause in der Familie die Landessprache Deutsch. Krippe, Kita und Schule müssen ihnen daher die Möglichkeit geben, zwei weitere Sprachen zu lernen. Noch immer denken Eltern und Lehrer dabei in erster Linie an Englisch und Französisch.

Von denjenigen, die Französisch gegenüber Englisch stärken und ihm mehr Raum verschaffen wollen, wird in diesem Zusammenhang gern dafür plädiert, mit Französisch zu beginnen. Englisch würden die Kinder sowieso und von selbst lernen, aber in der umgekehrten Reihenfolge gar nicht zum Französischen finden. Dem lässt sich entgegen halten, dass Kinder, die früh mit Englisch beginnen, hinterher viel Zeit haben, Englisch alleine weiterzulernen und dadurch sehr viel mehr Zeit für Französisch zur Verfügung haben. Zwar gibt es dazu bislang noch keine verwertbaren wissenschaftlichen Untersuchungen, doch zeigen die bisherigen praktischen Erfahrungen, dass beide Sprachenfolgen zu akzeptablen Ergebnissen führen, wenn Krippe, Kita und Schule angemessen eingebunden werden. Viele Beispiele für Französisch als erster und Englisch als zweiter Fremdsprache finden sich im Saarland, Rheinland–Pfalz oder Baden-Württemberg. Die meisten Bundesländer beginnen jedoch mit Englisch.

b) Autochthone Minderheiten

[handschriftlich: einheimisch]

Kinder aus autochthonen Minderheiten (b), sollen neben Deutsch auch ihre angestammte Sprache, also Friesisch, Sorbisch bzw. Niederdeutsch in der Schule pflegen. Allerdings ist die Mehrzahl dieser Kinder einsprachig deutsch. Die Herkunftssprache ist in den seltensten Fällen ihre L1. Die meisten Kinder sprechen sie überhaupt nicht oder haben bestenfalls rudimentäre Kenntnisse. Sehr oft wird die Herkunftssprache auch nicht mehr im unmittelbaren Familienkreis oder von den älteren Generationen gesprochen. Folglich sind die Bildungsinstitutionen die einzige oder zumindest die Hauptquelle.

In solchen Situationen empfiehlt es sich, als erste zusätzliche Sprache die Herkunftssprache einzuführen, und zwar bereits in der Krippe oder Kita und sie bis zum Ende der Grundschule mündlich wie schriftlich auf das gewünschte Niveau zu bringen. Mit Eintritt in den Sekundarbereich käme dann die dritte Sprache hinzu. Erfolgreiche Beispiele aus Deutschland wären Niederdeutsch in Ostfriesland (Nath et al. 2006, Ostrfiesische Landschaft 2003, 2007) oder Sorbisch in der Lausitz (Grahl 2003, Norberg 2006).

c) Kinder mit nichtdeutscher Muttersprache

Die Versuche, Kinder, die Deutsch nicht als L1 oder als dominante Sprache sprechen aber in Deutschland aufwachsen, in die frühe Vermittlung von Mehrsprachigkeit einzubeziehen, sollten derzeit nur mit großer Zurückhaltung beurteilt werden. Man denke an Kinder mit Migrationshintergrund oder an Kinder aus Aussiedlerfamilien. Noch fehlen verlässliche wissenschaftliche Ergebnisse von der Art und dem Umfang, wie sie für die erforderlichen Entscheidungen unerlässlich sind.

Natürlich möchte man es diesen Kindern ermöglichen, ihre Herkunftssprache voll zu entwickeln und dazu Deutsch sowie Englisch oder eine andere Weltsprache in der Schule zu pflegen bzw. zu lernen. Es wäre einerseits überaus bedauerlich, wenn man ein solches Kapital, wie Sprachen es darstellen, nicht erhalten würde. Für die Herkunftssprachen dürfte dies andererseits aus „schultechnischen" Gründen nur begrenzt möglich sein, nämlich nur dann, wenn es sich um eine größere Sprache, etwa Türkisch handelt, für die die Zahl der Kinder groß genug ist, sodass entsprechende Klassen eingerichtet werden können. Vor allem aber käme es einer besonders schwerwiegenden Diskriminierung gleich, wenn diese Kinder keinen Zugang zu den modernen leistungsfähigen

Methoden, wie es IM fraglos ist, bekämen. Zwar lässt sich IM auch für diese Kinder einsetzen, jedoch nicht in der gleichen Weise wie für Kinder der Gruppe (a) oder (b). Allerdings ist dieses Thema derart komplex und setzt ein relativ umfangreiches Wissen über diverse Aspekte des Spracherwerbs voraus, dass es erst im Zusammenhang von Kapitel 4 besprochen werden kann.

* * *

In Deutschland ist die Zahl der Ansätze zur Frühvermittlung von Sprachen in Kitas und Grundschulen inzwischen kaum noch zu überblicken. Leider fehlen fundierte Evaluationen zu ihrer Leistungsfähigkeit, sodass ein systematischer Vergleich mit IM derzeit unmöglich ist. Auch Begriffe wie bilingual, Immersion, bilingualer Unterricht, bilinguales Lehren und Lernen scheinen geradezu Hochkonjunktur zu haben. Umso schwerer fällt es, ihre Bedeutung zu erkennen und sie voneinander abzugrenzen. Selbst dem Nichteingeweihten wird kaum verborgen bleiben, dass sich hinter der Verwendung eines Begriffes wie Immersion recht heterogene Dinge verbergen können, die sich nicht mit dem Terminus in seiner eigentlichen Bedeutung decken.

Unbeschadet der Vielfalt der Bedeutung der obigen Begriffe bezeichnet IM in diesem Buch, wie international üblich, die Verwendung der zu lernenden Sprache als Arbeits- bzw. Unterrichtssprache in anderen Fächern, ohne dass herkömmlicher Fremdsprachenunterricht erteilt wird. Auf diese Weise erhalten die Kinder die Möglichkeit, sich die neue Sprache eigenständig so anzueignen, wie sie beim Erwerb ihrer Muttersprache vorgegangen sind.

Das Altenholzer IM-Modell ist im Kern ein Versuch, die IM für Französisch, wie sie in Kanada seit Mitte der 1960er Jahre entwickelt wurde, so zu modifizieren, dass sie auch in Europa, insbesondere im deutschen Bildungssystem eingesetzt werden kann und zu vergleichbar guten Ergebnissen wie in Kanada führt. Dazu musste vor allem geprüft werden, wie man die zwei Hauptunterschiede zwischen den beiden Ländern ausgleichen kann. Wie könnte kompensiert werden, dass das kanadische Schulsystem auf Ganztagsschulen beruht, das deutsche aber in den meisten Fällen auf Halbtagsschulen, also für letztere lediglich grob die Hälfte der kanadischen Zeit zur Verfügung steht? Darüber hinaus geht es in Kanada in der Regel nur um eine Sprache, nämlich Französisch. Wie müsste man in der EU die verfügbare Zeit auf die betroffenen Sprachen angesichts der 3-Sprachenformel verteilen, damit für alle drei Sprachen wenigstens ein befriedigendes Ergebnis erzielt werden kann? Die Lösung war praktisch durch unser deutsches Bildungssystem vorgegeben: Möglichst früh beginnen, indem Krippen und Kitas eingebunden werden.

Die Bezeichnung 3-Sprachenformel ist in der offiziellen Sprachregelung von EU oder Europarat nicht üblich. Der Begriff stammt aus Indien und ist dort schon lange, zumindest seit den ersten Jahren der Unabhängigkeit gebräuchlich. Die indische Union hatte seit ihrer Gründung als ein Vielvölker- und Vielsprachenstaat von Anfang an das gleiche Problem wie die EU bei ihrer Gründung. Über das öffentliche Bildungssystem musste für das erforderliche Ausmaß an Mehrsprachigkeit in breiten Schichten der Bevölkerung gesorgt werden. Englisch musste praktisch jeder in ausreichendem Maße beherrschen; zusätzlich mindestens eine der ganz großen Sprachen des Subkontinents, etwa Hindi, sowie als dritte eine der weniger weit verbreiteten Sprachen. Die derzeitige Situation in Europa ist mit ihren Zwängen und Herausforderungen daher im weltweiten Maßstab alles andere als ungewöhnlich.

Vor allem aber eignet sich die 3-Sprachenformel gut zur Problematisierung der Zielsetzung. Noch immer ist das diesbezügliche Bild erstaunlich heterogen, indem nicht nur viele Eltern den Sinn der Frühvermittlung von Fremdsprachen darin sehen, dass auf diese Weise die Sprösslinge stressfreier durchs Gymnasium kommen.

Was Immersion für die Entwicklung der Fremdsprache bringt

3

Ziel dieses Kapitels ist es, sicherzustellen, dass jeder Leser sich an Hand authentischer Unterlagen selbst ein Bild davon machen kann, was von einem immersiven Kita-Grundschulverbund an Ergebnissen erwartet werden kann. Nur so lassen sich in den späteren Kapiteln die Schlussfolgerungen über das „Wie und Warum" des immersiven Lernens glaubwürdig und kritisch nachvollziehen. Außerdem kann der Leser die vielen traditionellen Vorbehalte gegen frühe Mehrsprachigkeit als das entlarven, was sie sind: unberechtigte Vorurteile. Das gilt gleichermaßen für die sprachlichen wie die nicht-sprachlichen Belange. In diesem Kapitel 3 geht es um die Entwicklung der neuen Sprache, und zwar am Beispiel der Fremdsprache Englisch. Die Inhalte der immersiv unterrichteten Fächer werden in Kapitel 4 besprochen.

Die Entwicklung des Englischen wird anhand von Textproben aus den Begleituntersuchungen illustriert, und zwar zu fünf verschiedenen Zeitabschnitten: zum Ende der Kita bzw. zum Beginn der ersten Klasse sowie zum Ende der ersten, zweiten, dritten und vierten Klassenstufe. Bei den Textproben handelt es sich um kurze Ausschnitte aus den Bildergeschichten, die die Kinder auf Englisch einem Interviewer erzählen bzw. erfinden.

Dass für unser Beispiel nur Englisch in Frage kommt, hat einen einfachen Grund. Englisch ist die IM-Sprache im Altenholzer Verbund und nur für diesen liegen genug Ergebnisse aus der wissenschaftlichen Begleituntersuchung vor, dass guten Gewissens generalisiert werden kann.

3.1 Die Bildergeschichten

Bildergeschichten können ein überaus ergiebiges Testinstrument sein, das den Probanden einen weiten Spielraum lässt, ihre L2-Kompetenzen relativ zwanglos auszuschöpfen. Man legt den Kindern eine Serie mit Bildern ohne Texte vor. Die Probanden werden gebeten, die Inhalte der

Bilder einem Interviewer, der das Material nicht einsehen kann, zu beschreiben. Dabei konstruieren die Kinder von ganz allein Geschichten. In diesen Geschichten kommt es in der Begleituntersuchung nicht so sehr auf die Inhalte als auf die sprachlichen Aspekte an. Die zentrale Frage dieses Kapitels lautet: Wie wird sich die Art, wie die Bildergeschichten von der ersten bis zur vierten Klasse versprachlicht werden, verändern?

Es werden zwei Tests eingesetzt. Der Schulbildertest erfolgt am Ende der Kitazeit bzw. nach etwa sechs Wochen in der 1. Klasse; die Froschgeschichte jeweils am Ende der 1., 2., 3. und 4. Klassenstufe.

Der Schulbildertest besteht aus elf Bildern, die den Kindern vertraute Situationen aus ihrem Schultag zeigen, u. a. wie ein Junge morgens aufsteht, sich für die Schule rüstet, über den Schulweg, dass der Hund mit in die Schule will und was in der Schule passiert (Imhoff 2000).

Die Froschgeschichte *Frog, where are you?* (Mayer 1969) ist eine von mehreren einander ähnlichen Bildergeschichten mit unterschiedlichen Schwierigkeitsgraden aus der Feder von Mercer Mayer. Bei *Frog, where are you?* handelt es sich um eine Serie von 24 Bildern über einen Jungen, seinen Hund und seinen Frosch. Eines Nachts entwischt der Frosch, und der Junge macht sich am nächsten Tag mit dem Hund auf, den Frosch zu suchen. Dabei erleben sie diverse Abenteuer, bis das Tier wieder eingefangen bzw. ein anderer Frosch als Ersatz gefunden ist.

Die Kinder absolvieren jeweils zwei Testdurchgänge. Sinn des ersten ist es, sicherzustellen, dass das Kind die Aufgabe versteht und etwas mit den Bildern anfangen kann. Deshalb dürfen die Kinder im ersten Durchgang – der A-Version – auf Deutsch zurückgreifen, um Unklarheiten zu klären oder um nach Vokabeln zu fragen. Im zweiten Durchgang – der B-Version, – soll nur Englisch verwendet werden. Die Interviewer sind deutsche studentische Mitarbeiter, die Englisch auf muttersprachlichem Niveau beherrschen. Die Kinder kennen sie aus der Kita und von regelmäßigen Besuchen in der Schule. Von einigen Mitarbeitern wissen die Schüler nicht, dass sie auch Deutsch sprechen. Diese Interviewer werden in der B-Version eingesetzt. Diejenigen Mitarbeiter, von denen die Kinder wissen, dass sie Deutsch und Englisch können, führen den A-Test durch.

Der Test wird jeweils nach acht bis zehn Monaten des laufenden Schuljahres in dem den Kindern vertrauten Schulgebäude durchgeführt. Der Vorteil, denselben Test in allen vier Klassenstufen einzusetzen, liegt darin, dass auf diese Weise die Testaufgabe über alle vier Zeitabschnitte hin konstant gehalten werden kann. In der Art, wie die Geschichte erzählt wird, ist es auch für Nichtfachleute gut nachzuvollziehen, wie sich das Englisch der Kinder von Jahr zu Jahr verändert und verbessert. Die hier ausgewählten Texte stammen von den ersten beiden IM-Jahrgängen.

3.2 Zusammensetzung der Klassen

Im Zusammenhang mit den Transkripten kommt es an dieser Stelle nicht auf eine detaillierte sprachwissenschaftliche Analyse an. Die Daten zeigen auch ohne solche Hilfen, welch enormes Potenzial in einem derartigen Verbund von Kita und immersiver Grundschule steckt. Bei der Beurteilung der Transkripte ist es jedoch wichtig, dass die Zusammensetzung der Klassen, und damit die Englischvorkenntnisse der Kinder berücksichtigt werden, denn nicht alle Kinder kommen aus immersiven Kitagruppen.

So wechselten in den ersten Jahren in der Regel zwar genügend Kinder aus den bilingualen Kitagruppen in die Claus-Rixen-Schule. Jedoch entschieden sich nicht alle Eltern für den IM-Unterricht. Zu viele zogen es vor, zunächst abzuwarten, da ihnen IM in der Grundschule unbekannt und daher nicht „geheuer" war. Daher blieb nichts anderes übrig, als die Klassen mit Kindern ohne jegliche Englischkenntnisse aufzufüllen, um die Mindestklassenstärke von 18 zu erreichen. Im ersten IM-Jahrgang waren es beispielsweise sechs solche Kinder ohne Englischkenntnisse.

Erwartungsgemäß führten die unterschiedlichen Englischvorkenntnisse anfänglich zu Unterschieden in den Testergebnissen. Man beachte aber bei der Durchsicht der Transkripte, dass sich die anfänglichen Unterschiede schon bis zum Ende der zweiten Klasse auffällig verringert haben. Deshalb sind im Folgenden die sechs Transkriptausschnitte auch im Hinblick auf die Englischvorkenntnisse wiedergegeben. Für den Übergang von der Kita bis zur Grundschule werden jeweils zwei Ausschnitte präsentiert, um den Stand der Kinder mit und ohne Vorkenntnisse festzuhalten. Die anderen Zeitabschnitte werden jeweils mit einem Transkript belegt.

Allerdings sei schon hier darauf hingewiesen, dass das, was ursprünglich wie ein großes Problem aussah, sich im Nachhinein als ein Glücksfall erwiesen hat. Denn so waren wir gezwungen, zu überprüfen, ob und wie weit Quereinsteiger, also Kinder ohne Vorkenntnisse, in der IM-Sprache vom IM-Unterricht profitieren können. Insbesondere Transkript 6 liefert hierfür eine Antwort. Wir kommen dort auf das Thema zurück.

3.3 Englisch am Ende des letzten Kitajahres/ zu Beginn der 1. Klasse

Bis zum Ende der Kitazeit ist das Hörverstehen dem eigenen Sprechen beträchtlich voraus. D. h. die Fähigkeit der Kinder, zu verstehen, was sie auf Englisch hören, ist weiter entwickelt als ihre Fähigkeit, selbst etwas auf Englisch sagen zu können. Das ist nicht nur im L2-Erwerb üblich.

Die Produktion, also das eigene Sprechen ist nach drei Jahren Kita noch rudimentär und die Kinder verwenden untereinander kaum Englisch. Das liegt daran, dass die Kinder nicht gezwungen werden, Englisch zu sprechen oder an den auf Englisch ablaufenden Aktivitäten teilzunehmen. Da die Kinder wissen, dass alle Personen bis auf die fremdsprachlichen Erzieher bestens Deutsch verstehen, benutzen sie untereinander Deutsch, aber Englisch nur dann, wenn es nicht anders geht.

Den Entwicklungsstand für die Produktion der Kinder aus den bilingual geführten Kitagruppen gegen Ende der Kitazeit und zu Beginn der Grundschule illustriert Transkript 1. Die Testaufgabe wird nach etwa 60 Tagen in der ersten Klasse durchgeführt, wenn sich die Kinder an die Schule gewöhnt haben. Die Wahl dieses Zeitpunktes ermöglicht es auch zu prüfen, wie viel Englisch die Kinder ohne Vorkenntnisse bereits gelernt haben. Die Testaufgabe in Transkript 1 und 2 ist jeweils der Schulbildertest. Das Kind 14 in Transkript 1 kommt aus einer immersiven Kitagruppe, das Kind 11 in Transkript 2 hat keine Englischvorkennntnisse.

> **Transkript 1:**
> Ausschnitt aus einer Bildbeschreibung von Kind 14 nach etwa 60 Tagen in der 1. Klasse. INT = Interviewer/in; 14 = anonymisiertes Kind. Testversion B. Deutsche Wörter kursiv. # = Pause;/= Selbstkorrektur. Kind 14 kommt aus einer immersiven Kitagruppe.
>
> 14 In the ni/in the night
> INT Mhm.
> 14 is a bed.
> INT Mhm. Oh, what's happening here? # What's the boy doing?
> 14 The dog.
> INT Mhm. And, look, what's the weather like?
> 14 Sunny.
> INT Sunny. Mhm. And what is the boy doing?
> 14 The trousers *und* the #
> INT Mhm.
> 14 shirt.
> INT Yes, very good.
> 14 A clock.
> INT Mhm.
> 14 The dog, table #
> INT And what's he doing? # It's okay. Just tell me, what you can see, okay?
> 14 The ki/the *Kind* say: "Bye."
> INT Mhm.
> 14 *Das* schoolk/*das* # kid #
> INT Mhm.
> 14 go/# go in the school.
> INT Yes, very good.
> 14 *Und* the dog # go/# go mit.
> INT Yes, very good.

Der Text in Transkript 1 entspricht noch weitgehend dem sprachlichen Niveau am Ende der Kitazeit. In der Regel fehlt es zu diesem Zeitpunkt vor allem an jenem Wortmaterial, das für den Satzbau unerlässlich ist, also Artikel, Präpositionen, Konjunktionen, Vollverben.

Transkript 2:
Ausschnitt aus einer Bildbeschreibung von Kind 11 nach etwa 60 Tagen in der 1. Klasse. Testversion A. Konventionen wie in Transkript 1. Kind 11 hat keine Englischvorkenntnisse.

11 *Was machen die da.* (flüstert:) *Wie heißt das noch. Wie heißt schlafen auf Englisch?*

INT Sleep.

11 *Ja. Ehm.* The b/*Was ist das? Ein* boy sleep.

INT Mhm.

11 *Und denn* #

INT (flüstert:) *Kommst du ein bisschen näher ran?*

11 *Mhm. # Wie heißt das nochmal, dies Gedicht?*

INT *Erzähl einfach sonst, was du siehst. Kannst auch weiterblättern.*

11 *Ein Hund,* #

INT *Mhm.*

11 *der/#*

INT In English?

11 *ein* #

INT *Hund soll ich sagen?*

11 *Mhm.*

INT Dog, the dog.

11 *Ach ja. Ein* dog *mit* five *Beinen, denn der* boy, *der sich gerade ehm* (flüstert:) *was heißt nochmal draußen? Hab ich doch schon mal gewusst.*

INT Outside.

11 Outside *ist eine kleine* blue *hier* blue # (flüstert:) *was ist das noch mal?* #

INT *Hm?*

11 blue blue cloud, *so ne blaue Wolke also* #

INT *Gut.*

11 *und denn eine* sun *draußen* #

INT *Super.*

11 *und denn ist noch* the boy *zieht sich an/anziehen heißt?*

INT Dress.

11 *Ja gut, der* boy # dress.

Das Transkript 2 ist ein typischer Text eines Kindes, das gerade erst begonnen hat, Englisch zu lernen. Kind 11 nimmt ohne zu zögern Vokabeln auf, die es vom Interviewer erfragt hat oder geboten bekommt. Einige Substantive und ein Farbadjektiv produziert es eigenständig.

3.4 Nach sieben Monaten in der 1. Klasse

Fünf Monate später bietet sich in Transkript 3 ein ganz anderes Bild als in Transkript 1 und 2. In diesem Test geht es um die beträchtlich anspruchsvollere Aufgabe der Froschgeschichte.

> **Transkript 3:**
> Ausschnitt aus der Froschgeschichte von Kind 1 aus einer bilingualen Kitagruppe gegen Ende der 1. Klasse. Testversion B. Konventionen wie in Transkript 1–2. Vollverbformen sind besonders hervorgehoben, um die Aufmerksamkeit auf die Verbformen zu lenken.

> 1 There was a boy with a/and a dog, and a boy WANTS to CATCH some water things in the water. And the boy is SEEING a frog and the boy is RUNNING to the frog. Now the boy ehm fff the ba/the boy is/# is JUMPING and the boy is FALLING in the water. And now the boy c/ca/the boy is LOOKING at a frog and the frog is la/LOOKING at the boy. Now the boy can't SEE anymore and the frog is JUMPING away. And the f/now the frog SITTING on the tree and the boy/and the/and the dog is angry. # And the boy is SCREAMING/# the boy is SCREAMING. And now the boy and the dog WANTS to CATCH the frog. And then # they WANT to CATCH the frog and then they ca/# don't CATCH the frog ehm # *aber den/# ehm* # the dog # don't CATCH the ehm frog *aber, oh, was heißt'n aber* ehm *na*. The boy is very angry. And the bo/# and the frog is very angry, true [= too]. Now the boy is SCREAMING loud and no [= noch] # louder. The bo/ the boy/now the boy is GOING home angry. Now the frog is no more scared. The frog is GOING home to the boy. And the/the frog is JUMPING on/on the dog.

Das Transkript 3 zeigt, dass die Sprachproduktion im Laufe des ersten Schuljahres einen geradezu explosionsartigen Entwicklungsschub durchmacht. Es profitieren insbesondere die Diskursfähigkeiten und der Satzbau unter Einschluss der Verbformen. Wie Transkript 1 gezeigt hat, sind sie bis zum Ende der Kitazeit noch kaum ausgebildet. In weniger als sieben Monaten haben die Kinder einen enormen Sprung nach vorn gemacht. Jetzt sind Subjekt und Prädikat in den meisten Sätzen erkennbar. Für die Koordination mit *and* finden sich viele Beispiele. Auch andere grammatische Wörter sind in beträchtlicher Anzahl vorhanden, insbesondere Präpositionen, die Artikel und selbst die ersten Hilfsverben. Das Kind benutzt bereits verschiedene Verbformen, wenn auch nicht alle richtig. Insbesondere dominiert ausgerechnet die *ing*-Form, mit der deutsche Kinder selbst nach neun Jahren herkömmlichen Englischunterrichts in der Regel noch große Schwierigkeiten haben.

Zwar gehört das Kind 1 in Transkript 3 zum oberen Leistungsdrittel seiner Klasse, doch verfahren die weniger fortgeschrittenen Kinder nicht anders. Während das Kind 1 bereits zweimal das Verb *want* in der 3. Person Singular *wants* verwendet, finden sich z. B. bei den sechs Kindern des unteren Leistungsdrittels desselben Jahrgangs überhaupt nur zwei Arten von Verbformen, nämlich Formen mit -*ing* (*catching, going, seeing* usw.) und solche ohne Endung, wo andere Formen erforderlich gewesen wären, also *go* statt *goes* oder *hear* statt *hears*. Man erkennt, die Kinder erschließen sich die Verbformen des Englischen, indem sie als erstes die *ing*-Form in Angriff nehmen.

3.5 Ende der 2. Klasse

Auch gegen Ende des zweiten Schuljahres absolvieren die Kinder wie in Transkript 3 die Froschgeschichte als Test. Transkript 4 (S. 33) zeigt,
- dass nun die Dominanz der *ing*-Form überwunden ist,
- dass sich stattdessen auch die übrigen Verbformen vermehrt finden,
- dass der Satzbau und andere Konstruktionen beträchtlich komplexer geworden sind und
- dass Fehler nach dem Muster von *fells* (statt *falls*), *felled* (statt *fell*) oder *shaked* (statt *shook*) belegen, dass nun das Regelhafte an den Verbformen erkannt ist.

3.6 Ende der 3. Klasse

Für das Ende der dritten Klasse wird erneut das Kind 1 gewählt, um den Fortschritt auch einmal am Beispiel desselben Kindes über verschiedene Zeitpunkte hin zu illustrieren (Transkript 5). In der überwiegenden Zahl der Fälle werden die jeweils erforderlichen Verbformen zielgerecht verwendet. Es finden sich nur zwei fehlerhafte Verbformen, nämlich *bite* (statt *bites* oder *bit*) und *look* (statt *looks* oder *looked*). Gleichgültig ob es um Präsens oder Präteritum geht, die Formen *bite* und *look* dürften in diesen beiden Fällen nicht vorkommen. Auffällig ist auch, dass gegen Ende der dritten Klasse fehlerhafte Formen eigenständig erkannt und spontan korrigiert werden, dass viele unregelmäßige Verbformen zielgerecht produziert werden und dass Übergeneralisierungen weniger werden bzw. bei einigen Schülern kaum mehr vorkommen.

> **Transkript 4:**
> Ausschnitt aus der Froschgeschichte von Kind 4 ohne Englischvorkenntnisse gegen Ende des 2. Schuljahres. Testversion B. Konventionen wie in Transkript 1–3.
>
> 4 There is a boy and a dog and they HAVE in a glass a frog and they're LOOKING at the frog. And when it's night the frog GOES out of the glass and at morning when the frog and when the dog/and the dog WAKES up no frog anymore is in the glass. And then the boy LOOKED in the glass and they OPEN the window and they SHOUTED: "Frog, frog, where are you?" And then they/then the dog/then the dog FELLS on the ground and the glass GOES in one hundred pieces. And then they CRIED: "Frog, frog, where are you?" And then the boy LOOKED in a hamster hole and there COMES a hamster out and then the dog SHAKED on the trunk of the tree and then the *Bienen* FOLLOWED the dog and the boy LOOKED in a hole in a trunk. And out COMES a owl and the boy FELLED out and on the bo/on the bo/ground and the Bienen/bees FOLLOW the/the dog and then the/and then LIES on the deer's head and they RIDING together and then they FALL into the water and then the/and then the boy/and then the boy hear/HEAR what and then he GIVES a sign and then they LOOK behind a trunk. And then they SEE her frog and his wife and then he SEE nine frog kids and they GIVE/ehm, he ehm hin ehm and they GIVE the boy a frog kid and they SAID good-bye and then the boy and the dog GOES/GO/GOES
>
> INT Where do they go?
>
> 4 GOES/GO at home.
>
> INT Okay. With the little frog.
>
> 4 Yes.

Was Immersion für die Entwicklung der Fremdsprache bringt

> **Transkript 5:**
> Ausschnitt aus der Froschgeschichte von Kind 1 aus einer bilingualen Kitagruppe gegen Ende der 3. Klasse. Testversion B. Konventionen wie in Transkript 1–4.
>
> 1 Once upon a time there was a do/a dog, a frog, and a little boy. The little boy HAD a frog in a glass. # One night when the dog and the boy were SLEEPING, the frog JUMPED out of the glass/# JUMPED out of the glass. # Ehm # the/at the morning when the boy and the dog WA/# WOKE up, ehm they SAW that ehm the glass was empty. # And the boy CRIED: "Frog, where you?" # He LOOKED everywhere, (klingt, als käme eine lange Aufzählung) in his boots and CRIED again: "Frog, where are you?" And the ehm little dog LOOKED in the glass, but he can't COME out with his head of the glass. Ehm then they # ehm LOOKED out of the window, and the boy CRIED again: "Frog, where are you?" And the dog LOOKED. # Then the dog FELL of/ehm out of the window. The boy was SCARED ehm that the # ehm # dog will be dead, (INT lacht) but only the glass ehm was ehm wa/ehm was CRASHED.
>
> INT Mhm.
>
> 1 And they RUN in the woods, and the boy CRIED again: "Frog, where are you?" # Then the little boy LOOKED in a hole and cried: "Frog, where are you?" And the # dog ehm RUN/RUNS after the bees. Then a little animal ehm CAME out of the ehm hole and BITE the boy in the nose. # And then all the bees RUN af/eh FLY after the dog, and # the boy CLIMBED on a # tree and LOOKED in the hole/in the hole in the tree. # Then he FELL off of the branch, and he SAW a big barn owl. And the bees # are RUNNING behind the dog. # Then the/the barn owl ehm FLEW behind him. And the do/eh the boy was SCARED and CLIMBED on a tree and CRIED: "Frog, where are you?". # Then/ehm then he f/he FELL on a reindeer, and the reindeers/reindeer RUN ehm RUNS and RUNS. # Then the reindeer STOPPED, and the boy and the dog FELL off the reindeer.
>
> INT Mhm.
>
> 1 And they FA/FELL in the water. First the boy, then the dog. Then the boy HEARD a noise qwak, qwak. (INT lacht) # "Be quiet, dog. I THINK I KNOW who's there." # Then the boy LOOK behind a trunk. There was ehm was his frog and another frog and ten little frogs. # Then the boy TOOK a little frog with him and SAID: "Good bye, frogs."

3.7 Ende der 4. Klasse

Das Transkript 5 illustriert, dass die Kinder die früher gemachten Fehler von selbst überwinden und gegen Ende der vierten Klasse auch viele unregelmäßige Verben beherrschen. Um zu zeigen, dass dies auch für die Kinder ohne Vorkenntnisse aus der bilingualen Kita gilt, ist in Transkript 6 nochmals das Kind 4 gewählt, von dem auch bereits Transkript 4 stammt.

> **Transkript 6:**
> Ausschnitt aus der Froschgeschichte von Kind 4 ohne Englischvorkenntnisse gegen Ende der 4. Klasse. Testversion A. Konventionen wie in Trankript 1–5.
>
> 4 Once there was a boy and a dog, they HAD a frog, # and it was night, # and the # frog # was SITTING in a # glass, #
>
> INT Sure. # Mhm.
>
> 4 And the dog was LOOKING inside # and the/and the boy too # ehm # and when it was/# when it was ten o'clock, the boy and the GOT/GOT/GOT to SLEEP and the/the frog did/# ehm # COME out of his glass #
>
> INT Sure.
>
> 4 and RAN away, # and when it was morning the # do/do/dog and the boy was/was afraid that/that/was afraid because the do/# because the frog was GONE. # And the name of the boy was Peter.
>
> INT Mhm.
>
> 4 Peter LOOKED into his/his shoes. The/the dog # PUT his head into the # glass and LOOKED for the frog. But he was # not there.
>
> INT Mhm.
>
> 4 They OPENED the window and LOOKED/LOOKED outside and SHOUTED: "Where are you, frog?" And the dog had already/ehm had the glass # ehm on his head. #
>
> INT Mhm.
>
> 4 And then the dog FALLS on his # head on the ground and/# and the boy LOOKED surprized # and the/# and the glass ehm GOING crash/ehm crash/CRASHED and the boy was angry # and the # and the dog *leckt was heißt leckt?*

> INT Lick.
>
> 4 LICKS his face. # They GOED/# they GO in the/# they GOED outside of the house in the/# in the forest and SHOUTED: "Frog, where are you?"
>
> INT Mhm.
>
> 4 The/the/# the boy LOOKED into a hole, the dog LOOKED in/# into the home of the bees # and then outside of/# of the hole where l/where Peter LOOKED in COMES a squirrel. #

3.8 Entwicklungstendenzen

Insgesamt zeigen diese sechs Textproben, dass die Kinder sich die neue Sprache – in diesem Fall Englisch – in der Tat eigenständig erschließen können und es auch tun, wenn man ihnen nur den Freiraum lässt. Es sollte niemanden wundern, dass sie dabei Fehler machen. Jeder, der einmal an den eigenen Kindern oder Enkeln beobachtet hat, wie sie sich ihre L1, etwa Deutsch, angeeignet haben, kennt diese Entwicklung. Formen wie *geschwimmt, ich schläf, der kommte* usw. sollten einem noch in den Ohren klingen. Vergleichbares wiederholt sich für die L2 und ganz wie für die L1 überwinden die Kinder auch diese Unzulänglichkeiten von selbst. Mehr noch, wenn der Zeitpunkt gekommen ist, entwickeln sie Nebensätze, die Negation, die Fragebildung und alles andere.

Zwar findet sich viel individuelle Variation unter den Kindern in dem Sinne, wann sie z. B. welche Verbformen gebrauchen, wann bestimmte Fehler auftauchen, wann sie sie überwinden, welche Verben sie im einzelnen verwenden u. ä. mehr. Dennoch kann man kaum verkennen, dass alle Kinder im Grunde den gleichen Weg einschlagen, also die gleiche Entwicklung durchlaufen. Man erkennt es leicht anhand der Transkripte 1 bis 6, wenn man prüft, welche Verbformen zu den einzelnen Zeitabschnitten vorkommen bzw. dominieren (Tabelle 1).

Tabelle 1: Häufigkeit von Verbformen bei IM von der Kita bis zum Ende der Grundschule

Zeitabschnitt Ende	Verbformen
Kita	kaum Verbformen produziert
1. Klasse	V-ing dominiert
2. Klasse	V-ing seltener, Anstieg der Zahl der Formen der 3. Person Singular, Präteritum inklusive Übergeneralisierungen
3. Klasse	viele Übergeneralisierungen unregelmäßiger Verben, weniger Fehler
4. Klasse	auch unregelmäßige Verben oft korrekt, Rückgang der Zahl der Übergeneralisierungen

Besonders bemerkenswert ist, wie die Kinder ohne Englischvorkenntnisse aus der Kita sich in dieses Bild einfügen. Bei ihnen finden sich dieselben Fehlertypen, sie folgen den gleichen Entwicklungstendenzen. Allerdings entwickeln sie sich schneller und holen auf. Am Ende der vierten Klasse sind sie in ihrem Englisch nicht mehr von den Kindern mit Vorkenntnissen zu unterscheiden. Genauer gesagt ist es so, dass die Kinder ohne Vorkenntnisse gegen Ende der zweiten Klasse in etwa das untere und mittlere Leistungsdrittel der Kinder mit Vorkenntnissen erreichen und einige schon gegen Ende der dritten Klasse zum oberen Drittel aufschließen. Offensichtlich reißen die Kinder mit Englischvorkenntnissen aus der Kita diejenigen ohne solche Vorkenntnisse mit.

In diesem Zusammenhang zeigt sich besonders deutlich, weshalb Krippen und Kitas in einem IM-Verbund unverzichtbar sind: Ohne die Kinder mit den L2-Englischkenntnissen aus der immersiven Kita hätten die Kinder ohne Kenntnisse niemanden, der sie mitreißen könnte (Wode 2004b, 2005). Dabei dürfte es gleichgültig sein, ob die L2-Kenntnisse aus einer Kita oder aus einer Kita plus Krippe stammen.

Erwartungsgemäß erreichen nicht alle Kinder bis zum Ende der Grundschule genau denselben Entwicklungsstand. In der Regel ist die individuelle Variation unter den Kindern einer IM-Klasse ähnlich ausgeprägt wie im L1-Erwerb und in anderen Formen von L2-Erwerb. Einen genaueren Eindruck gewinnt man aus den ausführlichen Analysen (in Wode i. Vorbereitung), wo u.a. die individuelle Entwicklung der Altenholzer IM-Kinder des ersten Jahrgangs detailliert geschildert wird. Trotz dieser Variation zeichnet die Kinder als Gruppe dennoch – sprachlich – viele Gemeinsamkeiten aus:

Die Spontansprache der Kinder ist schlicht beeindruckend. Sie brauchen – aus sprachlichen Gründen – kein Thema zu scheuen. Ihr Wortschatz beeindruckt nicht nur durch das Fachvokabular, das für die im Unterricht behandelten Themen erforderlich ist, sondern auch der allgemeine Wortschatz ist altersgemäß in dem Sinne angemessen entwickelt, dass sich mit ihm die täglichen Anforderungen des Schulalltags gut bewältigen lassen. Ähnliches gilt für die Syntax und die Diskursfähigkeiten.

Die Entwicklung der Aussprache wird allerdings manchen überraschen. Insgesamt ist sie zwar beneidenswert gut, aber die IM-Kinder behalten bis zum Ende der Grundschule einen deutschen Akzent. D. h. in der Kita und den ersten Grundschuljahren tun die Kinder das, was auch ältere Sprecher des Deutschen machen, wenn sie Englisch lernen. Sie ersetzen die ihrer L1 fremden Laute des Englischen durch diesen ähnliche deutsche. Man erinnere sich: *Mouth* klingt dann wie *mouse*, *then* wie *denn* oder *zen*, *thin* wie *sin* usw. Von diesen diversen Interferenzen der Anfangsjahre überwinden die Kinder bis zum Ende der vierten Klasse in der Regel einige ganz allein, andere bleiben (Sieg 2004, Wode 2009).

Besonders überrascht hat, dass sich bei den IM-Kindern ein Gruppenakzent herausbilden kann. Auffälligerweise produzierten einige Kinder bereits in der dritten Klasse manche der Problemlaute zu 100 % richtig, im Jahr darauf aber nur noch zu 90–95 %. Die Ursache ist nicht Vergesslichkeit oder Unvermögen, sondern ein aus der Soziolinguistik vertrauter Effekt: Die Mitglieder einer Gruppe passen sich dem Sprachverhalten der Gruppe an. Nur wer wie die Gruppe spricht, gehört zu ihr. Ganz besonders anfällig für solche Anpassungen ist die Aussprache. Insofern verhalten sich die IM-Kinder ganz altersgemäß.

Die relativ zwanglose Art, in der das Interview durchgeführt wird, ermöglicht einen besonders aufschlussreichen Blick darauf, wie die Kinder sich bei IM den Wortschatz der neuen Sprache erschließen. Das wird besonders deutlich, wenn man prüft, wie die Kinder versuchen, ihre Wortschatzlücken eigenständig zu überwinden. Beispielsweise können sie in der A-Version auf Deutsch das englische Wort erfragen; alternativ können sie es auf Englisch umschreiben; für die entsprechende Passage ins Deutsche wechseln; das deutsche Wort ins Englische transferieren und englisch aussprechen; eigenständig ein Kompositum bilden, das sie noch nie gehört haben und sich für *beehive* (Bienenkorb, Bienenstock) mit *bee house*, *bee nest* oder *bee home* behelfen; oder das fehlende Wort durch ein übergeordnetes, also sein Hyperonym ersetzen, indem sie z. B. statt *deer* (Hirsch) *animal* (Tier) verwenden. Tatsächlich machen alle Kinder von all diesen Optionen irgendwann einmal Gebrauch. Keine davon erinnert allerdings an das herkömmliche Vokabelpauken. Letzteres findet bei IM einfach nicht statt. Stattdessen zeigt ein Vergleich der A- mit den B-Versionen bei den Fällen, in denen in der A-Version ein englisches Wort auf Deutsch erfragt wurde, dass die Kinder das neue Wort nur einmal zu hören brauchen, um es erfolgreich memorieren und später in der B-Version ohne zu zögern verwenden zu können (Steigenberger 2006, Daschke 2007, Joswig 2007, Rosen 2008, Wode i. Vorb.).

Es gibt bereits erste Untersuchungen, mit denen sich das Niveau der Englischkenntnisse der Altenholzer IM-Kinder im internationalen Maßstab einschätzen lässt (Thielking 2006). U. a. wurde 2005 der 4. IM-Jahrgang nach dem ersten Viertel der vierten Klasse mit dem *Cambridge Young Learners English (CYLE)* getestet. Dieser Test wird in drei Schwierigkeitsstufen angeboten. Der anspruchsvollste zielt auf 12–14-jährige Kinder, die 250 Stunden Englischunterricht gehabt haben. CYLE wird weltweit viel eingesetzt, im Jahre 2004 z. B. bei über 72.000 Kindern. Sie kamen aus Indien, Pakistan und anderen asiatischen Ländern, aus diversen Ländern Afrikas, Nord-, Süd- und Mittelamerikas sowie aus zahlreichen europäischen Ländern unter Einschluss der skandinavischen. Allerdings waren die Altenholzer Kinder mit 9 bis 10 Jahren um zwei bis vier Jahre jünger. Im Test waren sie leicht unterfordert, schnitten aber mit einigem Abstand am besten ab.

An diesen Ergebnissen ist nicht so wichtig, dass die Altenholzer IM-Kinder im CYLE mit Abstand am besten abgeschnitten haben, sondern dass wir sicher sein können, dass ihre L2-Ergebnisse tatsächlich zur Weltspitze gehören und dass die deutschen Kinder mit einer solchen Fremdsprachenausbildung international beruflich konkurrenzfähig sind. Insofern ist der IM-Verbund von Kita und Grundschule nach dem Altenholzer Muster in der Tat ein überaus attraktives Modell, das möglichst schnell zum Wohle möglichst vieler Kinder möglichst weit verbreitet werden sollte.

4 Was Immersion für die Entwicklung von Muttersprache und Fachwissen bringt

Die moderne IM-Forschung hat sich Mitte der 1960er Jahre in Kanada entwickelt. Dort wurde IM anfangs überaus kritisch gesehen, was dazu führte, dass die Entwicklung dieses Ansatzes wissenschaftlich derart intensiv begleitet und beforscht wurde, dass IM heute als eine besonders gründlich untersuchte Methode zur Vermittlung von Fremdsprachen gelten kann. Es hat jedoch bis in die 1980er Jahre gedauert, ehe die ersten europäischen Länder begannen, sich den kanadischen Ansatz zu Nutze zu machen. Dazu gehörten vor allem Spanien und Finnland, später u. a. die Schweiz, Frankreich und Belgien (Überblick Wode 1995). Die Altenholzer Erprobung ist der erste Versuch im öffentlichen Bildungssystem in Deutschland.

Zum einen ist die Gesamtzahl der Kinder, die in Altenholz zwischen 1999 und 2006 englischen IM-Unterricht erhalten haben, mit acht Jahrgängen, neun Klassen und rund 200 Kindern insgesamt noch relativ gering. Folglich lässt sich nicht zu Unrecht vor voreiligen Verallgemeinerungen warnen. Zum anderen galten die Forschungsaktivitäten in Altenholz bisher primär der Entwicklung des Englischen. Zur Lösung der bildungspolitischen Herausforderungen in Europa würde IM aber wenig beitragen, wenn die Entwicklung anderer schulischer Bereiche – L1, Fachwissen, Schriftkultur usw. – in Mitleidenschaft gezogen würde. Deshalb richtet dieses Kapitel den Blick auf die Bereiche jenseits der L2-Entwicklung. Zu diesem Zweck ist es notwendig, die Ergebnisse aus Altenholz in den internationalen Forschungsstand einzubetten. Auf diese Weise lassen sich die bisherigen Erfahrungen aus Altenholz an anderen Ländern mit anderen Sprachen und Schulsystemen relativieren, ergänzen und absichern. Denn für eine angemessene Einschätzung von IM als Lehrverfahren ist nicht so sehr entscheidend, dass möglichst viele Kinder in Deutschland für diese Ergebnisse stehen, sondern dass sie sich auch in anderen Ländern für die dortigen Schulsysteme und Sprachen ergeben. Es würde das Vertrauen in die Anwendbarkeit der IM-Methode enorm stärken, wenn sich zeigen würde, dass die Altenholzer Ergebnisse in der Tat denen von Millionen Kindern aus anderen Ländern und Kulturkreisen entsprechen. Genau das ist der Fall. Deshalb stehen die Altenholzer Ergebnisse auch und vor allem dafür, dass sie zeigen, dass diese relativ wenigen Kinder sich so verhalten wie Millionen andere Kinder überall in der Welt. Um diese Perspektive herauszuarbeiten empfiehlt sich ein knapper historischer Rückblick zur Entwicklung der IM und der IM-Forschung seit den 1960er Jahren.

4.1 Erfahrungen mit Immersion in Kanada

Die erste IM-Gruppe mit 26 Schülern wurde 1965 in St. Lambert, einem Vorort von Montreal, eingerichtet – und zwar als völlige frühe IM. Das heißt, der gesamte Unterricht lief auf Französisch und begann im *kindergarten* mit Fünfjährigen. Heute kann es sich in Kanada kaum eine größere Schule leisten, keinen IM-Unterricht für Französisch anzubieten.

Obwohl der Besuch von IM-Unterricht in Kanada nach wie vor freiwillig ist, schätzt man, dass bis zum Jahr 1990 bereits über 290.000 Kinder aus allen Provinzen Kanadas teilgenommen hatten (Wode 1995). Ihre Zahl steigt laufend weiter. Dafür gibt es zwei Gründe: Erstens ist der Erfolg für Eltern und Außenstehende leicht zu erkennen. Zweitens wird dieser Eindruck durch zahlreiche anspruchsvolle wissenschaftliche Untersuchungen untermauert. Auch in Kanada waren in den 1960er Jahren die in Kapitel 5 genannten Vorurteile weit verbreitet, dass der frühe Erwerb einer L2 die kognitive Entwicklung negativ beeinflussen würde, dass die L1-Entwicklung leiden könnte, oder dass der Mensch ohnehin nur eine Sprache gut lernen könne. Den Eltern und Schuladministratoren musste das Unterfangen daher enorm risikoreich vorkommen. Von vornherein wurde deshalb vereinbart, dass dieses neue Verfahren wissenschaftlich kritisch überprüft werden würde, damit der Versuch unverzüglich abgebrochen werden konnte, falls sich negative Auswirkungen für die Kinder abzeichneten. Hochrangige Wissenschaftler wurden gewonnen, um die Evaluierungen vorzunehmen. Es waren diese wissenschaftlich abgesicherten Ergebnisse, die in besonderem Maße dazu beigetragen haben, dass die IM-Methode so schnell in ganz Kanada Verbreitung finden konnte, wie sich an den obigen Schülerzahlen ablesen lässt.

Die Ergebnisse aus den vielen Studien sind in ihrer Gesamtheit erstaunlich einheitlich und bestätigen den Trend, den schon Lambert/Tucker 1972 in ihrem detaillierten Bericht über den ersten IM-Jahrgang in Kanada herausgearbeitet haben. Der Bericht schildert den Entwicklungsstand der Kinder jeweils zum Ende eines Schuljahres. Leider wird das letzte Kindergartenjahr nicht überprüft. Der Bericht beginnt mit dem Ende der 1. Klasse der Grundschule. Die Beobachtungen von Lambert/Tucker 1972 sind in zahlreichen Studien an anderen Klassen und Schulen repliziert worden. Im Ergebnis decken sie sich und lassen sich wie folgt zusammenfassen (ausführlicher Genesee 1987, Rebuffot 1993, Wode 1995, Wesche 2002):

- Für das Erlernen einer Fremdsprache bringt IM weit mehr als der traditionelle lehrgangsorientierte Fremdsprachenunterricht. Nach sechs bis sieben Jahren erreichen die Schüler rezeptiv, d.h. für ihr Hörverstehen sehr oft ein L1-Niveau, im eigenen Sprechen jedoch nicht oder nicht ganz.
- Am erfolgreichsten ist die sogenannte frühe völlige IM, also der Einsatz der neuen Sprache als Arbeitssprache in sämtlichen Fächern mit späterer stufenweiser Reduktion des IM-Anteils, z.B. ab dem 3. Schuljahr, um Raum für L1-sprachigen Unterricht zu schaffen.
- Die Entwicklung der L1 wird nicht beeinträchtigt.
- Die intellektuelle Entwicklung der Schüler leidet nicht.
- Längerfristig finden sich keine Leistungsdefizite in den immersiv unterrichteten Fächern.
- IM eignet sich für alle Schüler, also für ältere wie jüngere (Harley 1986), für lernschwache (Bruck 1978, 1982) wie lernstarke Schüler, für Kinder aus Minderheiten wie für Kinder der Majorität, die also die Landessprache sprechen (Lindholm-Leary 2001).

Diese obigen Punkte decken sich mit dem, was inzwischen aus anderen Ländern und anderen Kulturkreisen inklusive Europas bekannt geworden ist. Aus deutscher Sicht ist es angebracht, einige Aspekte genauer nachzuzeichnen, damit Eltern und Lehrkräfte ein genaueres Bild davon gewinnen, wie sich die Entwicklung der Kinder vollzieht und wie die Altenholzer Ergebnisse über Englisch hinaus dazu passen.

4.2 L1-Fähigkeiten

Die Frage, welchen Einfluss IM auf die Entwicklung der L1 nehmen würde, war auch in Kanada von Anfang an von großer Bedeutung, da die L1 natürlich auf keinen Fall vernachlässigt werden sollte. Zwei Aspekte waren zu beachten: die mündliche Entwicklung einerseits sowie Lesen, Schreiben und schriftliches Ausdrucksvermögen andererseits.

Sprechen und Verstehen

In Kanada ist von Folgendem auszugehen: Bei früher völliger IM haben die kanadischen Kinder von ca. 9.00 bis 15.00 Uhr, also während zwei Dritteln des Tages, keinen oder wenig Kontakt zur L1. Dies führt nicht zu Defiziten in der Entwicklung der mündlichen Fähigkeiten. Vergleicht man die Entwicklung anglophoner Kinder, die Französisch durch IM lernen, mit der Entwicklung monolingualer auf Englisch unterrichteter anglophoner Kinder, ergeben sich keine signifikanten Unterschiede. Offenbar reicht der Kontakt zum Englischen außerhalb des Unterrichts, also in der Schule, in den Pausen sowie zu Hause und mit Spielgefährten aus, damit sich die mündliche L1-Entwicklung altersgemäß vollziehen kann (z. B. Lambert/Tucker 1972, Genesee/Stanley 1976, Genesee et al. 1985).

Diese kanadischen Ergebnisse decken sich mit den Berichten aus anderen Ländern und zu anderen Sprachen. So schneiden beispielsweise in den Tests zur Elsässer Frühvermittlung des Deutschen die immersiv betreuten Kinder sogar im Französischen etwas besser als die ausschließlich auf Französisch betreuten Vergleichskinder ab (z. B. Petit 2002, Geiger-Jaillet 2005). Diesem Bild entsprechen auch die Erfahrungen aus Altenholz (z. B. Wode 2001, 2004a, 2008a, i. Vorb., Wode et al. 2002, Wode/Werlen 2003, Kersten et al. 2002, Burmeister/Pasternak 2004, Burmeister 2006).

Literalität: Lesen, Leseverständnis und Schreiben

Im L1-Lesen, -Schreiben und -schriftlichen Ausdrucksvermögen haben IM-Schüler Defizite, solange kein L1-Unterricht erteilt wird. Die Prinzipien von Schrift und Schriftlichkeit müssen nicht neu gelernt werden. IM-Schüler übertragen sie auf andere Sprachen, ihre L1 eingeschlossen. Die Defizite im orthographischen Bereich und beim Lesen verlieren sich in der Regel im Laufe eines Jahres nach Beginn des L1-Unterrichts. Auf jeden Fall lassen sie sich durch Förderunterricht in relativ kurzer Zeit beseitigen (z. B. Swain 1975, Genesee et al. 1985).

Im Altenholzer Verbund stand zwar zunächst die Entwicklung der Fremdsprache, also des Englischen, im Vordergrund der wissenschaftlichen Untersuchungen. Dies war vertretbar, da durch die beteiligten Lehrkräfte sichergestellt war, dass eventuelle Defizite im Deutschen und den immersiv unterrichteten Sachbereichen erkannt werden. Darüber hinaus wurden bislang zwei Arten von Tests zum Deutschen der IM-

Kinder durchgeführt. Im ersten ging es um die deutsche Rechtschreibung, im zweiten um die Lesefähigkeiten im Deutschen.

Die Rechtschreibung wurde gegen Ende der Klasse bei allen vier Parallelklassen des ersten IM-Jahrgangs der Claus-Rixen-Schule mit Hilfe eines Lückentests überprüft. In der IM-Klasse reichte das Notenspektrum von 1 bis 3, in den drei anderen ausschließlich auf Deutsch unterrichteten Klassen von 1 bis 6 (Wode et al. 2002).

Ergänzend dazu werden nach dem ersten Drittel der 4. Klasse mit Hilfe des Hamburger Lesetests HAMLET die Lesefähigkeiten fürs Deutsche überprüft. Verglichen wurden beim ersten IM-Jahrgang die IM-Klasse, eine ausschließlich auf Deutsch unterrichtete Parallelklasse der Claus-Rixen-Schule, eine Parallelklasse einer anderen Kieler Grundschule mit einem der Claus-Rixen-Schule vergleichbaren sozialen Umfeld sowie zwei auf Deutsch unterrichtete Parallelklassen aus dem ländlich geprägten Angeln im nördlichen Schleswig-Holstein. Die IM-Klasse schnitt beträchtlich besser als die auf Deutsch unterrichteten ab (Bachem 2004). Inzwischen sind auch der zweite und dritte Altenholzer Jahrgang mit HAMLET getestet und mit den ausschließlich auf Deutsch unterrichteten Klassen verglichen worden. Ergänzend bot sich an, eine Gruppe von zwölf gleichaltrigen L1-deutsch-sprachigen Kindern der Internationalen Schule Hamburg einzubeziehen, da auch diese Schulen nach der IM-Methode verfahren und Englisch als Arbeitssprache dient.

Vergleicht man die verschiedenen Klassen miteinander, ergibt sich, dass keine der immersiven Gruppen schlechter abgeschnitten hat als die auf Deutsch unterrichteten. Vergleicht man die IM-Kinder mit der Eichstichprobe (hinreichend große Stichprobe, die bei der Gewinnung von Normwerten für die Testinterpretation herangezogen wird) von HAMLET, ergibt sich, dass erstere im Schnitt sogar rund 10 % über dem Durchschnitt der Eichstichprobe liegen (von Berg 2005). Man beachte: Diese Eichstichprobe gilt als repräsentativ für deutsche Schüler dieser Altersgruppe.

Dieses Ergebnis sollte nicht überbewertet werden, da die Zahl der Altenholzer IM-Schüler noch immer relativ gering ist und sie besonders motiviert gewesen sein könnten. Doch selbst wenn diese besonderen Umstände bedacht werden, kann man kaum anders als feststellen, dass das Deutsch der IM-Kinder nicht defizitär ist, sondern mindestens so gut ist, wie das der Vergleichskinder.

Die Leistung der Altenholzer IM-Kinder scheint nicht ungewöhnlich zu sein. Zum gleichen Ergebnis kommt nämlich auch eine Studie zur gälischen IM in Schottland für schottische Kinder mit Englisch als L1 (Johnstone et al. 2004). Die Kinder lernten lesen auf Gälisch, also in ihrer L2, und waren später in ihren englischen Lesefähigkeiten so gut oder besser als ausschließlich auf Englisch unterrichtete Kinder.

Aus den Studien von August et al. 2002 ergibt sich, dass dieser förderliche Transfer von Lesefähigkeiten in beide Richtungen erfolgen kann, also von der L2 in die L1 und umgekehrt. Untersucht wurde an amerikanischen Kindern, ob die Lesefähigkeiten, die Kinder auf Spanisch beigebracht bekommen hatten, später einen positiven Einfluss auf ihre Lesefähigkeiten im Englischen haben. Die Kinder waren z.T. L1-englisch-spanisch bilingual, z.T. war Spanisch ihre L2, und sie scheinen nicht nur IM-Unterricht gehabt zu haben. In allen Fällen wirkten sich die vorher im Spanischen erworbenen Lesefähigkeiten positiv auf ihre späteren englischen Leseleistungen aus, denn die Kinder schnitten später besser ab als die, die ausschließlich auf Englisch lesen gelernt hatten.

4.3 Fachunterricht: Beispiel Mathematik

Wird IM sachgerecht durchgeführt, hinken „IM-ABC-Schützen" auf herkömmliche Art unterrichteten Altersgenossen nicht sonderlich hinterher (Lambert/Tucker 1972). Vor allem: Gegen Ende des 4. Schuljahrs oder danach weisen IM-Schüler oft ein höheres Leistungsniveau als traditionell in ihrer L1 unterrichtete Schüler auf. Ähnliches gilt für andere Fächer (z.B. Lambert/Tucker 1972, Swain/Lapkin 1982, Genesee 1987, Wesche 2002).

Nicht alle der wenigen bislang aus Europa verfügbaren Ergebnisse entsprechen den nordamerikanischen. Die Berichte zur deutschen IM im Elsass (z.B. Geiger-Jaillet 2005) und zur gälischen in Schottland (Johnstone et al. 2004) decken sich mit den Berichten aus Kanada und den USA. Die Kinder sind in Mathematik so gut oder besser als ihre in der L1 unterrichteten Altersgenossen.

Von diesen Ergebnissen weichen die frühen Berichte zur katalanischen IM in Nordspanien etwas ab. Zwecks Wiederbelebung des Katalanischen wird in Katalonien seit Anfang der 1980er Jahre frühe völlige IM nach kanadischem Muster für Katalanisch betrieben. Eine bilinguale Kita mit Beginn ab dem vierten Lebensjahr wird vorgeschaltet. Die überwiegende Mehrzahl der Schüler spricht Spanisch als L1. In den

Zentren der großen Städte, vor allem in Barcelona, sprechen viele Kinder andere Sprachen als Familien- oder Muttersprachen. Bel 1994 gibt einen Überblick über mehrere Untersuchungen zum Lernerfolg, u. a. für Mathematik. In einigen Studien haben IM-Schüler in der 2. oder 3. Klasse der Grundschule leichte Rückstände gegenüber den auf Spanisch unterrichteten. Bei den Fünfjährigen waren hingegen nach einem Jahr völliger IM keine Rückstände festzustellen. Bel nimmt an, dass die Lehrkräfte anfangs zu viel Gewicht auf die Förderung des Katalanischen legten und die Mathematik vernachlässigten. Dem entspricht eine andere von Bel zitierte Studie. In ihr wurden 80 Kinder aus Arbeiterfamilien nach eineinhalb Jahren Kita auf die Entwicklung ihrer L1, ihrer kognitiven Entwicklung und ihrer mathematischen Fähigkeiten untersucht. Es fanden sich keine Rückstände gegenüber den in ihrer L1 unterrichteten.

Auch in Altenholz berichten die Lehrkräfte, dass die IM-Kinder in der ersten Klasse im Sachwissen nicht so schnell vorankommen wie die auf Deutsch unterrichteten Parallelklassen. Doch schon am ersten Jahrgang zeigte sich, dass eventuelle Rückstände schon bis zum Ende des ersten Schuljahres verschwinden.

Bei der Bewertung derartiger Ergebnisse sollte man die Tatsache, dass IM-Schüler auch in den Sachfächern oft etwas bessere Ergebnisse als traditionell unterrichtete Schüler erreichen, nicht überbewerten. Seine Kinder am IM-Unterricht teilnehmen zu lassen, erfordert selbst in Kanada noch heute Mut zur Unkonventionalität. Es ist durchaus möglich, dass es so zu einer Auslese von Schülern bzw. Eltern kommt, was seinen Niederschlag eben darin findet, dass ihre positive Einstellung den Lernerfolg günstig beeinflusst.

Darüber hinaus sollten die obigen Ergebnisse auch im Hinblick darauf hinterfragt werden, ob sie für alle Kinder gleichermaßen gelten. Die Antwort darauf ist: im Prinzip ja. Nur sind je nach sprachlicher und sozio-kultureller Situation der Kinder besondere IM-Modelle erforderlich. Mit den besonderen Situationen sind die bereits in Kapitel 2.5 genannten (a bis c) gemeint. Weshalb das so ist, wird in Kapitel 5 deutlich, wenn die spracherwerblichen Grundlagen für IM besprochen werden. Vorab sei aber bereits gesagt: Die obigen Ergebnisse gelten für Majoritätenkinder, deren L1 und Kultur durch die neue Sprache nicht bedroht ist, sowie für Kinder aus schon lange heimischen Minderheiten, wenn ihre Entwicklung der Majoritätensprache nicht beeinträchtigt wird und ihre Herkunftssprache keinem negativen Prestigedruck ausgesetzt ist, – also die Situationen (a) und (b) aus Kapitel 2.5.

Für Kinder mit Migrationshintergrund sind die Erfahrungen komplexer. Sie sprechen in der Regel zwei Sprachen, allerdings nicht notwendigerweise altersgemäß. Für ihre Beschulbarkeit besonders wichtige Aspekte sind, dass

- die Entwicklung ihrer L1 bzw. ihrer stärkeren Sprache nicht beeinträchtigt wird,
- die Herkunftskultur nicht bedroht ist,
- in der Einstellung der Kinder zu ihren Sprachen möglichst kein Gefälle im Sozialprestige der Familiensprache gegenüber der neu zu lernenden besteht,
- die Kinder eine positive Einstellung zu Bildung, insbesondere zur Schriftkultur mitbringen.

Das bedeutet: Kinder mit Migrationshintergrund, aber altersgemäßer oder fast altersgemäßer Entwicklung der Majoritätensprache des Gastlandes können mit den beiden oben genannten Gruppen gemeinsam und auch gleich erfolgreich nach dem kanadischen bzw. Altenholzer Modell beschult werden. Kinder mit Migrationshintergrund, deren stärkere Sprache nicht die Sprache des Gastlandes bzw. die Schulsprache ist, benötigen spätestens dann Hilfe, wenn sie aus bildungsfernen Familien oder Kulturen kommen, und ihnen das Verständnis und das Wissen dafür fehlt, worum es bei Schule eigentlich geht. Diese kognitiven Voraussetzungen müssen möglichst schnell geschaffen werden. Das gelingt dann besonders gut, wenn diese Kinder anfangs in ihrer stärkeren Sprache, also in ihrer Familiensprache unterrichtet werden. Dieses Wissen ermöglicht es ihnen dann, auch die Sprache des Gastlandes schnell und erfolgreich zu lernen.

In diesem Zusammenhang ist ganz besonders wichtig, dass man erkennt, dass die hinlänglich bekannten Schulprobleme von Kindern mit Migrationshintergrund nicht aus biologisch bedingten Defiziten resultieren, sondern aus den Besonderheiten der Einstellung zu Schule und Bildung. Diese Einstellung ist in der Regel in der Herkunfts- bzw. Familienkultur verankert. Das wird u. a. daran deutlich, dass deutsche Kinder aus bildungsfernen Milieus in der Regel die gleichen Schulprobleme haben (ausführlicher im Kapitel 5). Es gibt derzeit keine Hinweise, dass IM von diesen Problemen ausgenommen bleiben sollte.

Im Hinblick auf die Leistungsfähigkeit von IM wurde ein weiterer Aspekt nicht erwähnt, dass nämlich die IM-Kinder schon früh eine besondere Lernhaltung entwickeln. Sie sind im Unterricht konzentrierter und gehen eigenständiger vor. Wer in einer Sprache unterrichtet wird, die nicht altersgemäß beherrscht wird, muss – zwangsläufig –

konzentrierter als im L1-sprachigen Unterricht aufpassen. Das wiederum erfordert – ebenso zwangsläufig – dass man eigenständiger erkennen muss, was man nicht verstanden hat bzw. was man wissen möchte. Aus dieser Sicht provoziert IM-Unterricht geradezu das, was man den Kindern so gern für das ganze Leben mitgeben möchte: die Bereitschaft und die Fähigkeit, zu eigenständigem lebenslangen Lernen. Bei IM entsteht sie von selbst, man kann es gar nicht verhindern.

Es ist überaus lohnend, die kanadische IM und ihre Entwicklung zu verfolgen. Allerdings macht die Fülle an Publikationen dies praktisch unmöglich. Einen exzellenten Ausweg bietet CPF. CPF steht für *Canadian Parents for French*. Es handelt sich um eine Organisation, die sich zum Ziel gesetzt hat, IM in Kanada zu fördern. CPF ist entstanden aus der Elterninitiative, die Mitte der 1960er Jahre dafür gesorgt hat, dass IM in St. Lambert/Montreal überhaupt erprobt werden konnte. Ursprünglich handelte es sich um eine Gruppe von knapp einem Dutzend der Eltern der Kinder des ersten IM-Jahrgangs. Ihr Ziel war, IM zu fördern. Die Ziele gelten unverändert noch heute. Organisatorisch ist CPF aber längst ein professionell geführtes, überaus erfolgreiches Großunternehmen mit professionell tätigem Management geworden. Angeboten werden nicht nur allgemeine Informationen zu IM sondern auch Tagungen, Aus- und Fortbildungen, Literaturüberblicke zu diversen Themen rund um IM und ein überaus nützlicher Jahresüberblick zum aktuellen Stand der IM in Kanada. Mithilfe dieser jährlichen Berichte bleibt man bestens auf dem Laufenden.

Was man über das Sprachenlernen wissen muss

5

Nach der Lektüre dieses Kapitels sollte niemand von sich selbst enttäuscht sein, wenn er/sie feststellen muss, dass sich die eigenen Vorstellungen, wie Sprachen gelernt werden, so wenig oder gar nicht damit decken, wie dies tatsächlich geschieht. Mehr noch, wenn wir unsere überkommenen Vorstellungen nicht ändern, fehlt uns der Schlüssel zum Verständnis dafür, weshalb IM in der Form, wie sie durchgeführt wird, so erfolgreich ist.

Diese Fehlvorstellungen betreffen einerseits jene, mit denen vor den – angeblichen – Beeinträchtigungen gewarnt wird, wenn Kinder mehr als eine Sprache lernen sollen, vor allem wenn es um den frühen L2- oder L3-Erwerb geht. Sie sind sämtlich unberechtigt. Andere Fehlvorstellungen betreffen die Art, wie Sprachen gelernt werden, wenn man überlegt, wie Lernen im Gedächtnis abläuft, wenn sich jemand eine Sprache aneignet. Im Hinblick auf IM und die frühe Vermittlung von Mehrsprachigkeit ist es wichtig, dass beide Arten von Fehleinschätzungen zurechtgerückt werden. Daraus ergibt sich von selbst die Frage, wie diese Zusammenhänge in Kita und Schule berücksichtigt werden können, damit die Kinder dort reüssieren.

5.1 Ängste und Vorurteile gegenüber früher Mehrsprachigkeit

Die zahlreichen Fehleinschätzungen und Vorurteile gegen (frühe) Mehrsprachigkeit, insbesondere gegen den frühen L2- und L3-Erwerb sollte man kritisch hinterfragen und die häufigsten Vorurteile kennen, um nicht auf sie hereinzufallen.

Einsprachigkeit als Normalfall

Der Normalfall sei, dass ein Mensch nur eine Sprache lernt. Dafür sei er biologisch ausgelegt. Vor allem der frühe Erwerb von Mehrsprachigkeit habe seinen Preis und erfordere hohe Anstrengungen und eine besondere Begabung.

Verkannt wird, dass die überwiegende Mehrheit aller Menschen mehrsprachig ist, und zwar entweder L1-, L2- oder L3-mehrsprachig. Tatsächlich ist die gerade in den Ländern Westeuropas vorherrschende Einsprachigkeit der Sonderfall. Wie unten noch näher erläutert wird, ist aus biologischer Sicht die Zahl der Sprachen, die ein Mensch lernen kann, nicht begrenzt.

Mehrsprachigkeit erfordert eine besondere sprachliche Begabung

Die Ursache für dieses Vorurteil dürfte in den Erfahrungen mit der Art liegen, wie Fremdsprachen in unseren Schulen bislang gepflegt wurden, nämlich als Bildungsgut mit besonderem Nachdruck auf der Grammatik.

Eine besondere Sprachbegabung ist bislang nicht überzeugend nachgewiesen worden und wird schon durch sehr schlichte Alltagsbeobachtungen in Frage gestellt. Beispielsweise entpuppt sich in der Schule diese angebliche Begabung oft als merkwürdig flexibel, wenn sich mit dem Wechsel der Lehrkraft die Noten plötzlich und drastisch verbessern. Begabungen ändern sich so schnell nicht.

Ein noch schlagenderes Beispiel bieten die Kinder europäischer Auswanderer in mehrsprachigen Situationen im neuen Gastland. Beispielsweise lernen die Kinder burischer Familien europäischer Herkunft in Südafrika genauso viele Sprachen wie ihre afrikanischen Spielgefährten. Wird man bei Auswanderung von einer Generation zur nächsten sprachbegabter?

Beeinträchtigung der L1

Wenn viel Zeit für den Erwerb weiterer Sprachen aufgewendet wird, könne sich die L1 nicht altersgemäß entwickeln. Befürchtet werden dauerhafte Defizite.

Wie sich diese Vorstellung in Deutschland hat festsetzen und halten können, ist nicht recht ersichtlich. Aus dem mit 10 Jahren einsetzenden herkömmlichen Fremdsprachenunterricht als „Bildungsgut" lässt sich dieses Vorurteil nicht begründen. An eine Gefährdung der deutschen Dialekte und Minderheitensprachen in Deutschland denkt man im Zusammenhang mit diesem Vorurteil auch nicht.

Auf jeden Fall zeigen die inzwischen vorliegenden wissenschaftlichen Studien inklusive der Studien zu IM überdeutlich, dass bei früher (und späterer) Mehrsprachigkeit die Entwicklung der L1 nicht nur nicht beeinträchtigt, sondern in der Regel sogar gefördert wird. Das gilt für die mündliche Entwicklung genauso wie für die schriftliche (Kapitel 4).

Keine Sprache wird richtig gelernt

Da bei Mehrsprachigkeit nicht so viel Zeit für jede der beteiligten Sprachen zur Verfügung steht, wird unterstellt, dass keine sich vollständig entwickeln kann, es also zu einer doppelten Halbsprachigkeit kommt.

Solche Fälle gibt es durchaus. Nur ist nicht nachgewiesen, dass dies die Folge von Mehrsprachigkeit ist. Schließlich gibt es diese „Halbsprachigkeit" durchaus auch bei Einsprachigen. Wissenschaftlich nachgewiesen ist hingegen, dass es nicht erforderlich ist, ganztägigen Kontakt zu einer Sprache zu haben, um sie auf altersgemäßem Niveau zu lernen.

Die beteiligten Sprachen werden nicht getrennt

Diese Befürchtung wird oft von Lehrern geäußert. Man sorgt sich, dass die Kinder ihre Sprachen durcheinander bringen und auch längerfristig nicht trennen können, indem sie z. B. deutsches Wortgut in ihren englischen Äußerungen benutzen, die deutsche Wortstellung ins Englische übertragen oder dass sich sogar Anklänge an die englische Aussprache in ihr Deutsch einschleichen.

Dass die beteiligten Sprachen nicht getrennt werden können, ist wissenschaftlich nicht verlässlich nachgewiesen. Man bedenke aber, dass beispielsweise *code switching* und spontanes Entlehnen zum normalen Sprachverhalten von Mehrsprachigen gehören.

Defizite in der kognitiven Entwicklung

Unterstellt wird, dass die Belastung durch zusätzliche Sprachen dazu führt, dass sich die kognitive Entwicklung eines Kindes nicht altersgemäß vollziehen könne. Das wäre in der Tat ein schwerwiegendes Argument gegen Mehrsprachigkeit, insbesondere gegen frühe Mehrsprachigkeit.

Tatsächlich belegen diverse wissenschaftliche Untersuchungen noch bis in die 1950er Jahre hinein diese Einschätzung. Einer der letzten, der mit den üblichen Argumenten vor Schaden warnte, war der angesehene deutsche Sprachwissenschaftler Leo Weisgerber (Weisgerber 1966). Als Schlüsselstudie für die heutige Annahme, dass frühe Mehrsprachigkeit sich positiv auf die kognitive Entwicklung von Kindern auswirkt, gilt Peal/Lambert 1962. Sie zeigten, dass die früheren Forschungsberichte methodisch derart unzulänglich waren, dass man sich auf sie nicht berufen konnte. Modernere Studien ohne diese Mängel kommen denn auch zu einer entgegengesetzten Einschätzung.

Zwei Sprachen im „selben Kopf" führen nicht zwangsläufig zu ineffizientem Denken. Im Gegenteil, daraus erwachsen sogar kognitive Vorteile. Mehrsprachige, so nimmt man heute an, denken vielfältiger und kreativer; sie stellen sich sensibler auf Defizite in der sprachlichen Kompetenz ihrer weniger kompetenten Gesprächspartner ein; und sie haben eine ausgeprägte Sensibilität für sprachliche Strukturen. Das führt u. a. dazu, dass mehrsprachige Kinder oft früher lesebereit sind als monolinguale. Frühe Mehrsprachigkeit ist daher für Kinder ein Gewinn und schon aus Gründen einer möglichst reichhaltigen Bildung für jedes Kind überaus wünschenswert (Überblick Baker 2001).

Sozio-kulturelle Verunsicherung

Kinder, die z. B. zweisprachig mit Englisch und Deutsch aufwachsen, seien in ihrer sozio-kulturellen Entwicklung verunsichert und deshalb beeinträchtigt, da sie nicht recht wüssten, ob sie Engländer oder Deutsche seien.

Wie es zu derartigen Befürchtungen kommen konnte, wird verständlich, wenn man bedenkt, dass sie aus einer Zeit stammen, als die Welt, insbesondere die Staaten in Europa, auf der Grundlage von Nationalstaaten organisiert waren. In einer solchen Situation muss man sich zwangsläufig zu der einen oder anderen Nation und damit zu ihrer Kultur und der sie tragenden Sprache bekennen. In unserer Zeit der zunehmenden Europäisierung und Globalisierung entfallen diese Zwänge. Man entdeckt von selbst, dass man sich in mehreren Sprachen und den durch sie geprägten Kulturen zu Hause fühlen kann, ohne verunsichert zu sein. Mehr noch: Mehrsprachigkeit im Verbund mit Multikulturalität erweist sich geradezu als eine unverzichtbare Voraussetzung für ein durch Toleranz geprägtes friedliches Miteinander.

Schwächen in den schulischen Leistungen

Wer in der Schule eine Fremdsprache lernt, hat zwangsläufig weniger Zeit für andere Fächer. Daraus wird gefolgert, seine Leistungen in ihnen würden zurückbleiben.

Dieses Argument eignet sich zwar trefflich als Ausrede für eigene Versäumnisse in den Schulleistungen, und zwar sowohl sich selbst wie Dritten gegenüber, entbehrt aber jeglicher wissenschaftlicher Grundlage. Im Gegenteil, mit den modernen Formen der Fremdsprachenvermittlung, wie IM und bilingualem Unterricht, lässt sich das obige Vorurteil ins Gegenteil verkehren, sodass die Vermittlung der Sachinhalte nicht leidet, sondern in der Regel sogar profitiert (Kapitel 4).

Die Muttersprache muss gefestigt sein

Soll es nicht zu bleibenden Schwächen kommen, müsse die „Muttersprache gefestigt" sein, ehe eine weitere Sprache gelernt werden kann.

Dieses Argument hört man hartnäckig und mit zunehmender Häufigkeit von Erziehern, Lehrkräften, Eltern und Bildungspolitikern. Es dient in der Regel dazu, vor einem zu frühen Beginn des L2-Erwerbs zu warnen. Woher diese Einschätzung stammt und worauf sie sich tatsächlich bezieht, ist nicht klar. Mit „gefestigt" scheint gemeint zu sein, dass Kinder ein bestimmtes minimales Niveau in ihrer L1 erreicht haben müssen, ehe sie eine weitere Sprache auf einem angemessenen Niveau lernen können. Eine solche These ist in der Tat in den 1970er/80er Jahren ernsthaft von Wissenschaftlern vorgeschlagen worden (insbesondere Cummins 1986a, 1986b). Allerdings hat man bislang eine solche kritische Schwelle nicht verlässlich nachweisen können. Im Gegenteil, weitere Sprachen können zu jedem Zeitpunkt gelernt werden, und gefestigt in dem Sinne, dass sich an ihr nichts mehr ändert, ist die Sprache eines Sprechers ohnehin Zeit seines Lebens nicht.

5.2 Zur menschlichen Sprachlernfähigkeit

Über die Fähigkeit, menschliche Sprachen in ihrer vollen Komplexität zu lernen und sie für Kommunikation zu nutzen, verfügt nur der Mensch. Sie ist *homo sapiens* angeboren, aber nicht auf den Erwerb einer bestimmten Sprache, z. B. Deutsch bei deutschen Eltern festgelegt. Im Gegenteil: Diese Sprachlernfähigkeit ermöglicht den Erwerb jeder menschlichen Sprache und ist – biologisch betrachtet – auf Mehrsprachigkeit ausgelegt. D.h. die Anzahl der Sprachen, die jemand lernen kann, ist – durch die biologischen Voraussetzungen – nicht begrenzt, sondern offen. Es sind die praktischen Lebensumstände, die entscheiden, wie viele Sprachen jemand lernt.

5.2.1 Spracherwerbstypen

Sprachen werden in und aus allen Situationen gelernt, in denen sie verwendet werden. Die Art, wie der Lernprozess abläuft, hängt jedoch im Wesentlichen von relativ wenigen Faktoren ab. Die gängigsten und für dieses Buch einschlägigen sind in Tabelle 2 zusammengestellt.

Tabelle 2: Spracherwerbstypen (nach Wode 1993)

Anzahl der zu lernenden Sprachen	• einsprachig (monolingual) • zweisprachig (bilingual) • entsprechend dreisprachig, viersprachig etc.
Zeitliche Reihenfolge des Erwerbs	• Erstsprachenerwerb: Erlernen der ersten Sprache (L1-Erwerb/Muttersprache) • Zweitsprachenerwerb: Erlernen der zweiten Sprache (L2-Erwerb) • entsprechend Drittsprachenerwerb (L3) etc.
Erwerb im Schulunterricht oder auf natürliche Weise	• schulischer Spracherwerb: im Fremdsprachenunterricht in der Schule • nichtschulischer natürlicher Erwerb

Weitere Sonderfälle sind z.B. der Erwerb unter pathologischen Bedingungen (pathologischer Spracherwerb) oder dass eine Sprache vergessen wurde und dann wieder erworben wird (Wiedererwerb) (Einzelheiten Wode 1993).

5.2.2 Grundzüge des Spracherwerbsprozesses

Der Spracherwerbsprozess entfaltet sich von selbst, steuert sich selbst, und ist in seinen Details einer bewussten Kontrolle von außen nicht oder bestenfalls marginal zugänglich. Weder erfordert er Hilfestellungen nach dem Muster des herkömmlichen Fremdsprachenunterrichts in Form von Erklären, Korrigieren oder Üben, noch lässt er sich auf diese

Weise sonderlich beeinflussen. D.h. der Spracherwerbsprozess läuft – zumindest weitgehend – intuitiv ab, und die einzelnen Lernvorgänge im Gehirn/Gedächtnis sind einer bewussten Beobachtung durch den Lerner selbst oder durch Außenstehende nicht zugänglich. Niemand kann sagen, welche Prozesse in seinem Gedächtnis ablaufen und wie das geschieht, wenn er eine Sprache bzw. sprachliche Strukturen lernt oder für Kommunikation aktiviert. Diese Abläufe lassen sich nur aus dem Verhalten von Lernern erschließen, und zwar vor allem aus den Fehlern, die gemacht werden. Sie verraten, was ein Lerner im jeweiligen Fall bereits gelernt hat, was noch fehlt und wie sich das sprachliche Wissen nach und nach aufbaut. Dazu drei typische Beispiele:

Beispiel 1: Verbflexionen: Was man aus Fehlern lernen kann

Wenn Kinder wie in den Texten in Kapitel 3 Verbformen wie *shaked* statt *shook*, *ranned* für *ran*, *wents* an Stelle von *goes* oder *rufing* für *calling* sagen (Tabelle 3), müssen sie diese Formen selbst gebildet haben, da sie dergleichen von ihren Lehrkräften kaum gehört haben können. Um aber solche Formen eigenständig bilden zu können, muss die grundlegende Regel für die Verbflexionen bereits erworben sein. Was noch fehlt, ist die hinreichende Kenntnis der Ausnahmen.

Tabelle 3: Entwicklungsspezifische Fehler aus dem L1-Erwerb des Deutschen und dem L2-Erwerb des Englischen (Wode 2008, 144)

L1-Deutsch		L2-Englisch	
Fehler	statt	Fehler	statt
er gebt	gibt	he cames	comes
er rufte	rief	he wents	goes
wir schläfen	schlafen	he shaked	shook
geschwimmt	geschwommen	he ranned	ran
er kommte	kam	he catched	caught
		rufing	calling
		spieling	playing

Beispiele wie *shaked, ranned* oder *wents* aus Tabelle 3 finden sich gar nicht oder nur ganz selten in den Texten der ersten Klasse, werden aber häufiger gegen Ende der zweiten und in der dritten Klasse. In der ersten Klasse finden sich hingegen sehr viele *ing*-Formen aber kaum Formen in der Vergangenheit, also mit *-ed*, oder mit dem *-s* der 3. Person

Singular Präsens. Die Transkripte 1 bis 6 zeigen, dass sich die Auftretenshäufigkeiten im Verlauf der vier Klassenstufen verändern. Offensichtlich sind diese Häufigkeiten das Spiegelbild einer Entwicklung. Anfangs dominieren *ing*-Formen, allerdings nicht als Progressiv, sondern ähnlich dem deutschen Infinitiv dient *-ing* als Indikator für Verben. Als nächster Schritt werden ab der zweiten Klasse die *ing*-Formen seltener, an ihrer Stelle häufen sich jetzt die *ed*-Formen der Vergangenheit und die *s*-Formen der 3. Person Singular. Erst in der vierten Klasse finden sich auch wieder häufiger *ing*-Formen, jetzt aber zielgerecht in ihrer progressiven Bedeutung (z. B. Immhoff 2002, Sieh-Böhrnsen 2004, Wode i. Vorb.).

Diese knappe Skizze der Entwicklung der Verbflexionen ist ein typisches Beispiel dafür, wie nicht nur Kinder beim Sprachenlernen vorgehen. Es veranschaulicht auch sehr gut, warum dieser Prozess als selbst gesteuert, hochgradig kreativ und systematisch ablaufend charakterisiert wird. Die Kreativität liegt darin, dass die Lerner etwas zielgerichtet und eigenständig tun, was ihnen niemand vorher beigebracht hat. Mit anderen Worten, man muss Kindern nicht erst zeigen, wie Sprachen gelernt werden, das wissen „die Kleinen" intuitiv.

Diese Systematik hat zwei Seiten, eine strukturelle und eine zeitliche. Der strukturelle Aspekt bezieht sich auf die Struktur der sprachlichen Äußerungen inklusive der Fehler, die gemacht werden, nämlich Fehler wie beispielsweise die obigen *wents, shaked, rufing* etc. Der zeitliche Aspekt betrifft die Tatsache, dass das Auftreten dieser Fehlertypen einer zeitlichen Ordnung unterliegt, indem sie nur zu bestimmten Zeitpunkten in der Gesamtentwicklung auftreten. Es ist diese chronologische Systematik, die es ermöglicht, den Entwicklungsstand eines Lerners nach Entwicklungsstadien zu bestimmen. Dabei definieren sich diese Stadien durch das relative Nacheinander der entwicklungsspezifischen Strukturen, inklusive der Fehlertypen, nicht absolut in Tagen oder Wochen. D.h. die einzelnen Lerner differieren zwar z. T. beträchtlich darin, wie viel Zeit sie tatsächlich benötigen, das relative Nacheinander aber deckt sich von Lerner zu Lerner.

Dieser Grundgedanke gilt für alle Strukturbereiche gleichermaßen, für den Wortschatz genauso wie für die Aussprache oder die Syntax. Das ist einer der Aspekte, den das Beispiel 2 illustrieren soll. Der zweite ist, dass der L1- und L2-Erwerb ganz ähnlich erfolgen, sodass man davon ausgehen kann, dass es sich bei beiden Erwerbstypen um dieselben Spracherwerbsfähigkeiten handeln dürfte.

Beispiel 2: Negieren: Schritt für Schritt im L1- und L2-Erwerb

Niemand meistert eine Sprache auf einen Schlag. Es ist ein langwieriger Prozess. Wie oben erläutert, ist der entscheidende Punkt, dass auch der zeitliche Ablauf einer Systematik unterliegt, bei der sich die Lerner die Struktur der Sprache Schritt für Schritt erschließen. Der Wissensstand, der im vorangegangenen Schritt erreicht wird, bildet die Grundlage für den nächsten, wie an den Verbflexionen in Beispiel 1 bereits angedeutet wurde. Mit Beispiel 2 soll dreierlei erreicht werden. Zum einen soll das, was in Beispiel 1 illustriert wurde, weiter erhärtet werden, indem an der Negation gezeigt wird, dass das auch für die Syntax allgemein gilt. Auch hier werden Fehler gemacht, auch in der Syntax sind sie entwicklungsspezifisch und auch hier sind sie systematisch. Zum anderen soll an der Negation gezeigt werden, dass solche Entwicklungen bei komplexen Strukturbereichen über mehrere Stadien verlaufen, bei denen jedes durch bestimmte Fehlertypen charakterisiert ist. Drittens kommt es beim L2- und L3-Erwerb zu einem Transfer von Strukturen aus der/den zuvor gelernten Sprachen – in Tabelle 3 bei L2-Englisch aus dem Deutschen und bei L2-Deutsch aus dem Englischen. Dieser Transfer führt zu den berüchtigten Interferenzen, die im herkömmlichen Unterricht als eines der Kardinalübel gegeißelt werden. Man beachte, dass es diese Interferenzen sind, die den deutschen Akzent im Englischen bzw. den englischen Akzent im Deutschen ausmachen.

In Tabelle 4 sind die vier frühen Stadien der Entwicklung der Negation für die Sprachen Deutsch und Englisch einander gegenüber gestellt, sodass sich Vergleiche in verschiedenen Richtungen anstellen lassen: L1- mit L2- Erwerb, L1- mit L1-Erwerb usw. Besonders ins Auge fallen soll einerseits der hohe Grad an Parallelität in der Struktur der Fehler und andererseits die Unterschiede im Hinblick auf die Interferenzen.

Der L1-Ewerb beginnt mit der Ein-Wort-Negation *nein* bzw. *no*. Im Stadium II folgen Zwei-Wort-Negationen. Beide Strukturen sind wenig komplex und Kinder hören sie oft genug in der obigen Bedeutung. Ganz anders die Bedeutung der Zwei-Wort-Negationen im Stadium III. Sie kann ein Kind bei *nein hauen* bzw. *no close* nicht gehört haben; es müssen in beiden Sprachen Eigenschöpfungen sein. Im Stadium IV erscheint der Negator in der Mitte des Satzes zwischen Subjekt und Prädikat. In den meisten Fällen ist es *nein* bzw. *no*, seltener *nicht* bzw. *not*. Während sich die Strukturen in den Stadien I bis IV bis auf das Wortmaterial gleichen, folgen danach verschiedene Schritte, in denen die Besonderheiten der Negation der beiden Sprachen stärker durchschimmern.

Tabelle 4: Frühe Negationsstrukturen in der Entwicklung von L1-Deutsch, L1-Englisch, L2-Deutsch/L1-Englisch und L2-Englisch/L1-Deutsch (Wode 1983) (Intendierte Bedeutung kursiv)

	L1-Deutsch		L2-Deutsch/L1-Englisch
Stadium		Stadium	
I	nein	I-II	nein
II	nein, Milch		nein, da
	nein, (ich möchte) Milch		*nein, (es ist) da*
III	nein hauen	III	nein helfen
	nein, nicht (auf den Tisch) hauen		*nicht helfen*
IV	Heiko nicht essen	IV	Katze nein schlafen
	Heiko isst nicht		*die Katze schläft nicht*
	die nicht kaputt		Milch nicht da
	die ist nicht kaputt		*die Milch ist da nicht*
	L1-Englisch		**L2-Englisch/L1-Deutsch**
I	no	I-II	no
	nein		nein
II	no, Mom		no, you
	nein, Mama		nein, du
III	no close	III	no play baseball
	mach (die Tür) nicht zu		*wir wollen nicht Baseball spielen*
			that's no good
IV	Katherine no like celery	IV	*das ist nicht gut*
	Katherine mag keinen Sellerie		Mary like no sleepy
	Katherine not quite through		*Mary mag nicht schlafen*
	Katherine (ist) noch nicht ganz fertig		lunch is no ready
			das Mittagessen ist noch nicht fertig
			me no close the window
			ich mach das Fenster nicht zu
			you get not that little wheel
			du kriegst das kleine Rad nicht
			me and Jennifer not play
			ich und Jennifer spielen nicht mit

Beispielsweise steht die Negationspartikel *nicht* in deutschen Hauptsätzen hinter dem Verb, gleichgültig ob es sich um ein Hilfsverb oder Vollverb handelt. Im Englischen steht *not* bzw. seine Kurzform *-n't* wie im Deutschen nur bei den Hilfsverben direkt hinter ihnen. Negierte Vollverben erfordern ein vorangestelltes *do*, das dann den Erfordernissen des Kontextes angepasst als *don't/do not, didn't/did not* bzw. *doesn't/does not* erscheint.

Bis auf die Tatsache, dass die Strukturen der Stadien I und II im L2-Erwerb zusammenfallen können, decken sich die ersten vier Stadien im L1-Erwerb und L2-Erwerb. Diese Parallelität gilt im Wesentlichen auch für die Stadien danach, jedoch kommt es in der L2-Entwicklung zu Transfer, und zwar nur zu bestimmten Zeitpunkten. Das bedeutet, die Interferenzen treten nicht wahllos auf, sondern sie sind an Bedingungen gebunden. Beispielsweise taucht die englische Umschreibung mit *do* im L2-Deutschen nicht als Interferenz auf, wohl aber die deutsche Wortstellung im L2-Englischen, und zwar im Verbund mit *no*, wie in *Mary like no sleepy*, mit *not*, wie in *John go not to the school* und, wenn auch seltener, mit *don't*, wie unten in (5.1 c). Man erkennt, auch der Transfer unterliegt einer spracherwerblichen Systematik.

Gleiches ergibt sich aus späteren Äußerungen wie (5.2 a–c). Wie gezeigt, folgt in deutschen Hauptsätzen *nicht* dem Verb, und zwar bei Hilfs- wie Vollverb; im Englischen nur bei Hilfsverben. Im L2-Englisch/L1-Deutsch orientieren sich die Kinder in (5.1 a–c) daher an der deutschen Wortstellung.

(5.1 a)   you didn't can't go like that
          du kannst mit dieser (Schachfigur) nicht so ziehen
   (b)   but he don't is answering
          aber er (der Frosch) antwortet nicht
   (c)   but the frog is don't there any more
          aber der Frosch ist nicht mehr da

Über Fehler wie (5.1 a–c) mag man in herkömmlichen Formen des Fremdsprachenunterrichts entsetzt sein. Tatsächlich aber markieren (5.1 a–c) eines der letzten Stadien im Erwerb der Negation. Einem Lerner fehlt nämlich in (5.1 a–c) nur noch der Schritt zur Trennung nach Hilfs- und Vollverb. Wenn man diese fehlende Trennung übungshalber in den Beispielen (5.1 a–c) wie in (5.2 a–c) korrigiert und alles andere belässt, erkennt man, wie dicht die Kinder mit der Trennung nach Hilfs- und Vollverben ihrem Ziel tatsächlich sind. (Einzelheiten zur L2-Entwicklung der englischen Negation in Wode 1981.)

(5.2 a)   you can't go like that
   (b)   but he isn't answering
   (c)   but the frog isn't there any more

Beispiel 3: Aussprache: Konstruieren statt imitieren

In der Diskussion um die frühe Sprachvermittlung in Kita und Grundschule wird gern darauf hingewiesen, dass die Imitationsfähigkeit bei kleinen Kindern noch besonders ausgeprägt sei. Gemeint ist, dass kleine Kinder Gehörtes besonders gut nachmachen würden. Unter imitieren versteht man, dass etwas wie vorgegeben, also zielgetreu nachgemacht wird. Auf Sprache bezogen wird damit unterstellt, dass das Gehörte reproduziert wird, ohne dass notwendigerweise die interne Struktur der gehörten Äußerung – einzelnes Wort, kurzer Ausdruck, ganzer Satz – erkannt worden sein muss. Durch dieses Imitieren, so die Annahme, würden sich die betreffenden Strukturen etablieren.

Kaum etwas könnte unzutreffender sein. Das haben schon die fehlerhaften Verbformen wie *shaked, wents, ranning* und Entlehnungen wie *rufing* gezeigt. Dass ein Imitieren nicht einmal auf die Aussprache zutrifft, also auf den Bereich, mit dem diese Annahme in der Regel begründet wird, zeigen einerseits die Interferenzfehler, auf die zum Abschluss von Kapitel 3 im Hinblick auf die Entwicklung der englischen Aussprache der Altenholzer IM-Kinder hingewiesen worden ist. Das Gleiche belegen aber auch die Beispiele aus dem L1-Erwerb in Tabelle 5. Bei letzteren handelt es sich um schlichte Beispiele, die jedem vertraut sein sollten, der je mit zwei- bis dreijährigen Kindern zu tun hatte. Beispiele wie in Tabelle 5 eignen sich daher besonders gut, um sich zu vergewissern, dass die Sprache nicht einfach imitiert wird, sondern in einem hoch kreativen Prozess Schritt für Schritt rekonstruiert wird. Dabei stehen diese Beispiele nicht nur für die Aussprache, sondern gleichsam prototypisch dafür, wie Sprachen im Sinne des zu Beispiel 1 Gesagten gelernt werden.

Nicht nur im Deutschen machen Kinder eine Entwicklung durch, während der sie eine Zeit lang in Wörtern mit anlautendem st- oder sp- nur t- bzw. p- sprechen (Tabelle 5).

Tabelle 5: Vereinfachungen von zwei Konsonanten durch Tilgung des ersten in der frühen L1-Aussprache des Deutschen bei deutschen Kindern

-t	statt st-	-p	statt sp-
-tein	Stein	-pucken	spucken
-tock	Stock	-piel	spiel
-tadt	Stadt	-pitz	spitz

Angesichts von Beispielen wie in Tabelle 5 kann Spracherwerb gar nicht auf Imitieren beruhen, sondern darauf, dass Lerner sich die Zielsprache eigenständig rekonstruieren, indem sie das Gehörte verarbeiten und auf dieser Grundlage sprachliche Strukturen bilden. Diese sind allerdings nicht notwendigerweise zielgerecht. Daraus folgt, wer *-tein*, *-tock*, *-pucken* usw. sagt, kann diese Wörter in dieser Form nicht gehört haben, da bis auf Kinder niemand so spricht. Folglich können die kindlichen Produktionen nicht auf Imitationen beruhen. Wie oben schon vorausgeschickt, entfaltet sich dieser Lernprozess von selbst und er steuert sich auch selbst. Er ist bewusster Kontrolle von außen nicht zugänglich und erfordert keine Hilfestellungen nach dem Muster des herkömmlichen Fremdsprachenunterrichts.

Man versuche einmal, Kindern, die noch die Fehler wie in Tabelle 5 machen, nach dem folgenden Muster auf die Sprünge zu helfen: „Du sagst ja immer *-tein*. Das heißt aber nicht *-tein*, sondern *Stein*. Sag doch mal *Stein*. Kriegst auch einen Bonbon." Wenn ein Kind in diesem Alter überhaupt reagiert, kann man durchaus beschimpft werden: „Ich weiß, dass das nicht *-tein* heißt. Ich sag auch gar nicht *-tein*. Ich sag ja immer *-tein*." Offensichtlich hört das Kind den Unterschied bereits, produziert ihn aber noch nicht, obwohl es beteuert, das zu tun. Zu diesem Zeitpunkt hilft die Ermahnung noch nicht. Später wird sich das Kind von selbst korrigieren, wenn es in seiner Entwicklung so weit ist.

Vermeintliche Fehler entspringen einer generellen Systematik, die man leicht für sich alleine nachprüfen kann, indem man sich für 20 bis 30 Minuten in Hörweite von zwei- bis vierjährigen Kindern begibt und ihnen zuhört, und sei es auch nur auf einem öffentlichen Spielplatz. Man achte einmal auf bestimmte Wörter, z. B. solche mit *r* (*rauf*, *runter*), mit *tz* (*Katze*, *Mütze*), mit *k-* oder *kl-* (*klettern*, *Klotz*, *kleben*) oder mehrsilbige Wörter (*Kartoffel*, *Telefon*, *Schokolade*). Auch ohne eine sprachwissenschaftliche Vorbildung kann man sich in solchen Fällen des Eindrucks kaum erwehren, dass die Kinder im etwa gleichen Alter im Wesentlichen dieselben Fehlertypen machen. Wenn beispielsweise in mehrsilbigen Wörtern Silben fehlen, sind es die unbetonten, also *-putt* für *kaputt*, *-toffel* statt *Kartoffel*, *-lade* für *Schokolade*, *-puter* für *Computer* oder *tefon* an Stelle von *Telefon*. Bei relativ jungen Kindern tauchen Fehler mit bestimmten Konsonanten auf, etwa statt *runter* hört man *hunter*, für *Katze kake* oder *tate*, an Stelle von *klettern* heißt es *lecker* und vieles mehr. Es sind Beobachtungen dieser Art, die zur Annahme zwingen, dass das Erlernen von Sprachen ein sehr systematisch ablaufender Prozess ist, und zwar, wie oben erwähnt, in zweifacher Hinsicht. Zum einen, dass Lerner im wesentlichen die gleichen Fehler machen, ohne dass sie diese gehört haben müssen und zum anderen, dass sie dabei einer zeitlichen und strukturellen Ordnung folgen, wie es am Beispiel der Negation im L1- und L2-Erwerb gezeigt wurde.

5.2.3 Spracherwerb, Alter und IM

In Begründungen für den Frühbeginn wird gern darauf verwiesen, dass kleine Kinder besonders erfolgreich eine weitere Sprache lernen können und dass man deshalb schon in der Kita, spätestens aber ab der Grundschule beginnen sollte. Das klingt, als verändern bzw. verschlechtern sich die Sprachlernfähigkeiten mit zunehmendem Alter. Dieses Problem ist in der Spracherwerbsforschung bekannt als die Altersfrage.

Für eine IM-Konzeption zur Lösung der 3-Sprachenformel ist die Altersfrage von großer Bedeutung, und zwar in zweifacher Hinsicht:
- Immersion kann nur funktionieren, wenn davon ausgegangen werden kann, dass bei Kindern die Fähigkeit, sich eine weitere Sprache eigenständig anzueignen, während der in Frage kommenden Zeit, also während der gesamten Schulzeit vorhanden ist.
- Wenn ältere Kinder eine neue Sprache anders als jüngere lernen, müssten je nach Alter andere entwicklungsspezifische Strukturen, insbesondere andere Fehler auftreten.

Wie in Kapitel 2 begründet, ist der Grundgedanke des vorliegenden IM-Modells, dass die drei Sprachen nacheinander eingeführt und vermittelt werden. Eine solche Konzeption lässt sich nur dann sinnvoll vertreten, wenn die Kinder während der gesamten Zeitspanne auch tatsächlich in der Lage sind, sich eine neue Sprache eigenständig anzueignen. Dabei wäre es gleichgültig, ob die Fähigkeiten zur selbstständigen Aneignung sich altersgemäß verändern oder nicht. Derzeit gibt es keinerlei Evidenz, die zu der Schlussfolgerung zwingt, dass diese Voraussetzung nicht gegeben sein sollte. Die Frage scheint auch in der einschlägigen Literatur noch gar nicht aufgeworfen worden zu sein.

Der zweite obige Aspekt ist die herkömmliche Altersfrage. Sie zu berücksichtigen ist vor allem aus der Sicht der Lehrer wichtig, damit sie die entwicklungsspezifischen Strukturen inklusive der Fehler erkennen und richtig einordnen können.

Die Altersfrage ist im Laufe der Jahre unterschiedlich beantwortet worden. Seit den 1970er Jahren war die Auffassung weit verbreitet, dass sich die Sprachlernfähigkeiten in der Tat altersgemäß verändern. Zur

Begründung verwies man vor allem auf die L2-Aussprache der vielen erwachsenen Emigranten und Migranten, die ihren Akzent trotz vieler Jahre Aufenthalt im Gastland nicht loswurden, obwohl sie beteuerten, sich große Mühe zu geben. Hingegen lernten Kinder dann die Sprache des Gastlandes relativ akzentfrei, wenn sie bereits in jungen Jahren ins neue Land gekommen waren. Diese Beobachtungen führten zu der Annahme einer kritischen Sprachlernspanne. Wer erst nach einem bestimmten Zeitpunkt Kontakt zur neuen Sprache bekommt, kann sie nicht mehr auf L1-Niveau lernen, weil die Reifungsprozesse im Gehirn die biologischen Voraussetzungen für die Sprachlernfähigkeiten so verändert haben, dass der Erwerb einer Sprache nach Art kleiner Kinder nicht mehr möglich ist (Lenneberg 1967, Überblick Wode 1993).

Anfangs galt die Zeit der Pubertät als die zeitliche Grenze. Man meinte, dass das Gehirn in dieser Zeit seine Plastizität verliere und dass deshalb Kinder vor der Pubertät schneller, müheloser und langfristig viel erfolgreicher weitere Sprachen lernen können (Lenneberg 1967). Später meinte man, die kritische Grenze läge früher, z. B. bei sechs Jahren. Möglicherweise gibt es sie aber auch überhaupt nicht im Sinne einer biologischen Begründung, sondern es handelt sich hierbei um sozio-kulturelle und Motivationszwänge (z. B. Wode 1981, Piske et al. 2001).

Die Annahme einer kritischen Sprachlernspanne geriet seit den 1970er Jahren zunehmend ins Wanken. Zum einen weil sich in den vielen Untersuchungen zum L2-Erwerb zahlreiche Parallelen zwischen den entwicklungsspezifischen Strukturen im L1- und L2-Erwerb sowie zwischen dem L2-Erwerb kleiner Kinder und dem von älteren, sogar von Erwachsenen zeigten. Entsprechend drängte sich die Annahme in den Vordergrund, dass sich die Sprachlernfähigkeiten nicht altersabhängig verändern (Überblick Wode 1993). Dieser Eindruck verstärkt sich durch die jüngste Forschung zu erwachsenen L2-Sprechern, die erst als Jugendliche, z. B. mit 16 Jahren, eine L2 erlernten und darin ein solch hohes Niveau erreichten, dass sie in wissenschaftlichen Experimenten von L1-Sprechern dieser Sprachen für L1-Sprecher gehalten wurden (z. B. Bongaerts et al. 2000). Diese Ergebnisse sind im Zusammenhang mit der 3-Sprachenformel wichtig, weil sich aus ihnen ergibt, dass auch ältere Kinder (z. B. ab zehn oder älter) eine weitere Sprache gut und erfolgreich lernen können. Zur Erinnerung: Das Nacheinander im Rahmen der 3-Sprachenformel erfordert genau das.

In jüngster Zeit scheint es, als ob die Altersfrage erneut aufgerollt werden muss, weil es möglicherweise doch altersabhängige Unterschiede gibt. In jüngeren Studien zum L2-Erwerb des Deutschen wird berichtet, dass kleine Kinder die deutsche Wortstellung wie in (5.3 a-b) erfolgreich lernen, ältere und erwachsene L2-Lerner hingegen nicht (z. B. Haberzettl 2005).

(5.3 a)   wir laufen zu Fuß nach Hause
    (b)   wir wollen zu Fuß nach Hause laufen.

Die Diskussion um die Rolle des Alters ist noch längst nicht abgeschlossen. Für die Zielsetzung dieses Buches ist es wichtig, sich klar zu machen, dass der Ausgang dieser Diskussion die Zweckmäßigkeit des Einsatzes von IM so lange nicht in Frage stellt, wie angenommen werden kann, dass Lerner jeden Alters über die Fähigkeit verfügen, sich eine weitere Sprache eigenständig anzueignen. Dabei wäre es gleichgültig, ob und in welchem Ausmaß es zu altersabhängigen Unterschieden im Erwerb einzelner Strukturen bzw. Strukturbereiche kommt. Solche Unterschiede wären durchaus mit dem IM-Ansatz vereinbar.

5.3 Spracherwerb und Sozialisation: Zur Rolle der stärkeren Sprache der Kinder

Um zu verstehen, weshalb IM zu derart guten Ergebnissen führt, ist es wichtig, nicht nur auf die sprachlichen Strukturen zu schauen. Auch die funktionalen Aspekte müssen einbezogen werden, nicht zuletzt um zu erkennen, weshalb Kinder in bestimmten Fällen Probleme in der Schule haben.

Kinder lernen eine Sprache nicht um ihrer selbst willen. *Homo sapiens* zeichnet sich u. a. dadurch aus, dass Sprache als Hilfsmittel für die Sozialisation eingesetzt wird. Letztere ist das primäre Ziel, der Erwerb von Sprachen das nachgeordnete. Mit anderen Worten, Sprachen fallen als Nebenprodukt der Sozialisation mit an. Enttäuschungen über die Ergebnisse von Kita und Schule sind daher geradezu vorprogrammiert, wenn die Bedeutung der Sprache für die Sozialisation von Kindern verkannt wird. Bei mehrsprachigen Kindern kommt dabei der stärkeren Sprache eine besondere Rolle zu. Wird verhindert, dass sie ihre Funktion im Sozialisationsprozess, insbesondere für die kognitive Entwicklung, voll erfüllen kann, geraten diese Kinder in der Schule fast zwangsläufig ins Hintertreffen.

Sprachen sind für Kinder zugleich Mittel und Konsequenz ihrer Sozialisation. Seine Sprache ist für das Kind ein entscheidendes Instrument, mit dem es sich seine Welt erschließt und sein Weltverständnis, seine Konzepte und seine sozio-kulturelle Einbindung sichert. Wichtig ist zweierlei zu erkennen: Zum einen stoßen Kinder mit zunehmendem Alter mehr und mehr auf Sachverhalte und Gedankliches, was ohne Sprache kaum oder gar nicht lernbar ist. Die Welt der Kita und später die Schule stellen Kinder vor neue Herausforderungen, denen sie z.B. in der Familie gar nicht ausgesetzt werden. Diese Herausforderungen zu meistern gelingt umso weniger, je schwächer die sprachlichen Ressourcen eines Kindes sind.

Der Prozess der Sozialisation wird üblicherweise dadurch vorangetrieben, dass das Kind neue Erfahrungen macht, verarbeitet und eine Einstellung dazu entwickelt. Werden keine neuen Eindrücke gewonnen, stagniert der Prozess. In dem Maße, in dem Kinder in ihrer Entwicklung auf sprachliche Impulse angewiesen sind, z.B. mit zunehmender Klassenstufe in der Schule, wird die Sprache über die mit ihr transportierten Inhalte immer stärker zum Motor für die Sozialisation und die kognitive Entwicklung. Es versteht sich, dass bei mehrsprachigen Kindern vor allem die stärkere Sprache als dieser Motor fungiert, einfach deshalb, weil sie den Zugang zu einem breiteren und komplexeren Spektrum an Sachverhalten ermöglicht. Daraus folgt zweierlei: Erstens, je höher die Klassenstufe, umso entscheidender wird, dass die Kinder die sprachlichen Voraussetzungen, sprich die Sprachkenntnisse für eine altersgemäße Sozialisation mitbringen. Zweitens, der Erwerb einer neuen Sprache gelingt in der Schule zunehmend weniger gut, je weniger Wissen über Schule, Unterricht und die Inhalte der Fächer ein Kind zur Verfügung hat. Hier wird sichtbar, weshalb gerade Kinder aus bildungsfernen Familien und/oder mit einer bildungsfernen Einstellung sich in der Schule so schwer tun, wie auch die PISA-Studien jüngst wieder gezeigt haben (Baumgart et al. 2001).

Bei monolingualen Kindern wird das Problem nicht sichtbar. Sie haben nur eine Sprache. Bei mehrsprachigen kann sich jedoch ein Teufelskreis entwickeln, dem Kinder während ihrer ganzen Schulzeit nicht entrinnen können, wenn ihre dominante Sprache nicht die Schulsprache ist oder deren Beherrschung nicht altersgemäß entwickelt ist. Solche Kinder fallen fast zwangsläufig im direkten Vergleich zu denen zurück, die in ihrer dominanten Sprache unterrichtet werden. Das wird besonders in gemischtsprachigen Klassen deutlich, wenn etwa eine deutsch-türkische Klasse nur auf Deutsch unterrichtet wird, der Unterricht aber ausschließlich an den für den monolingual deutschsprachigen Unterricht geltenden Normen ausgerichtet wird, obwohl das Deutsch der türkischen Kinder nicht dem altersgemäßen Stand ihrer deutschsprachigen Klassenkameraden entspricht.

In solchen Situationen entsteht fast unausweichlich ein Teufelskreis, aus dem es für Kinder mit bildungsfernem Hintergrund kaum ein Entrinnen gibt. Wenn solche Kinder die Schulsprache, z. B. Deutsch, schlecht oder gar nicht beherrschen, erkennen sie nicht oder nur unzureichend, worum es in der Schule geht. Auf Grund ihres familiären Hintergrundes bringen sie das erforderliche Wissen auch nicht mit, sodass sie sich auch die Schulsprache nicht recht aus dem – schulischen – Kontext erschließen können. Beide Mängel addieren sich zu einem Defizit, das Kinder in der Regel ohne besondere Hilfe in ihrer ganzen Schulzeit nicht mehr aufholen. Das gilt nicht nur für Deutschland, sondern weltweit in Ländern mit einem europäisch geprägten Schulsystem (Cummins 1986a, b, 1998).

Allerdings ist man in anderen Ländern bereits weiter, indem man die Konsequenz aus den eben skizzierten Begründungszusammenhängen gezogen hat. Wenn es tatsächlich so ist, dass angemessene kognitive Voraussetzungen und eine positive Einstellung zu Bildung der Schlüssel zum Schulerfolg und zum erfolgreichen Erwerb einer neuen Sprache in der Schule ist, müsste man den Kindern auf folgende Weise helfen können: Man fördert zunächst die kognitiven Voraussetzungen über ihre stärkere Sprache, und zwar auch dann, wenn sie nicht die – spätere – Schulsprache ist. Erst wenn ein angemessenes kognitives Niveau erreicht ist, wird die Sprache gewechselt, indem z. B. anstelle der Familien- bzw. Herkunftssprache der Kinder die eigentliche Zielsprache als Unterrichtssprache eingesetzt wird.

Solche Versuche sind schon seit Mitte der 1970er Jahre in den USA unternommen worden. Die entsprechenden wissenschaftlichen Forschungsergebnisse sind eindeutig: So paradox es erscheinen mag, sie bestätigen tatsächlich, dass der Lernerfolg für eine schwächere Sprache bzw. eine L2 in bestimmten Situationen langfristig größer ist, wenn zunächst die stärkere Sprache, z. B. die L1 der Kinder gefördert wird, obwohl sie nicht die eigentliche Zielsprache ist (z. B. Genesee 1987, Cazabon et al. 1993, Lindholm-Leary 2001). Auf diese Weise kann sich die Sozialisation einschließlich der kognitiven Entwicklung der Kinder beschleunigt altersgemäß vollziehen und liefert dann reichhaltigere Voraussetzungen für den zügigeren Erwerb einer weiteren Sprache. Das wiederum erhöht den Lernerfolg und das Lerntempo für letztere und das ist die Voraussetzung für größere Lernerfolge auch im Hinblick auf die Inhalte der immersiv unterrichteten Fächer.

An der sprachlichen Situation müssen sich daher die organisatorischen Maßnahmen für Kita und Schule in erster Linie orientieren. Dabei liegt die Relevanz der sprachlichen Situation nicht allein im Sprachlichen, sondern in ihrer Verquickung mit dem den Sprachen zugeordneten sozio-kulturellen Hintergrund. Wichtig: Zwar haben sich die Probleme, um die es hier geht, nicht nur in Deutschland besonders drastisch bei der Beschulung von Kindern mit Migrationshintergrund gezeigt. Aber die Skizze über die Zusammenhänge zwischen Spracherwerb und Sozialisation sollte bereits deutlich gemacht haben, dass der Grund für den ausbleibenden Schulerfolg weder in der Migration an sich noch in biologisch bedingten Unzulänglichkeiten liegt, sondern im komplexen Bedingungsgefüge von Sprache, Kognition und Einstellung zu Schule und Bildung zu suchen ist. Gerade letzteres aber hängt sehr stark von der jeweiligen Kultur ab, in der ein Kind heranwächst.

5.4 Sprachen lernen in der Schule: Was sichert den Erfolg?

Neben den eben besprochenen lernpsychologischen Faktoren haben sich zwei weitere Faktorengruppen als besonders wichtig für Erfolg und Misserfolg, Fremdsprachen in der Schule zu vermitteln und zu lernen, ergeben: zum einen die drei organisatorischen Faktoren Intensität des Kontaktes, Dauer des Unterrichts sowie ein strukturell möglichst vielfältiges sprachliches Angebot. Zum anderen eine positive Einstellung zu Bildung, insbesondere zu allem, was mit Schreiben, Lesen, kurzum mit Schriftkultur zu tun hat.

5.4.1 Intensität, Dauer und strukturelle Vielfalt

Intensität meint, dass möglichst viel Zeit pro Tag/Woche Kontakt zur neuen Sprache besteht. *Dauer* heißt, dass dies lange und kontinuierlich geschehen muss, also vor allem möglichst früh begonnen wird, damit möglichst viele Jahre bis zum Ende der Schulzeit zusammenkommen. Mit *struktureller Vielfalt* ist gemeint, dass nicht nur vereinzelte Themen modulartig in der neuen Sprache behandelt und dadurch nur diejenigen sprachlichen Ausdrücke angeboten werden, die für den betreffenden Sachbereich erforderlich sind, sodass praktisch der Rest der Sprache ausgeschlossen bleibt.

Es gibt derzeit keine Methode, mit der sich in der Schule eine höhere Ausprägung der Faktoren Intensität und strukturelle Vielfalt erreichen lässt als mit IM. Da hierbei die zu lernende Sprache als Arbeitssprache zur Vermittlung der Inhalte möglichst vieler Fächer eingesetzt wird, entfällt der Zwang, zusätzliche Stunden extra für den Fremdsprachenunterricht zur Verfügung stellen zu müssen. Auf diese Weise fallen einerseits noch nicht einmal zusätzliche Kosten für Lehrkräfte an, weil die Zeit, die die Kinder in der Schule verbringen, doppelt genutzt wird, nämlich für die neue Sprache und für die Inhalte der Fächer. Andererseits erhöht sich die Zeit, die die Kinder Kontakt zur neuen Sprache haben, in einem Ausmaß, das nicht erreicht werden kann, wenn, wie im herkömmlichen lehrgangorientierten Unterricht, die erforderlichen Stunden extra bereitgestellt werden müssen. Drittens erhöht sich auch die sprachliche Vielfalt wie bei keinem anderen Verfahren, und zwar dadurch, dass möglichst viele Fächer immersiv unterrichtet werden und keine Situation ausgespart bleibt. Auf diese Weise erhalten die Kinder nicht nur Zugang zu einem breiten Spektrum an Fachvokabular, sondern gleichzeitig wird auch der allgemeinsprachliche Bereich enorm intensiviert, weil er natürlich in allen immersiv unterrichteten Fächern gebraucht wird.

Allerdings sind sieben Jahre für den Erwerb einer Sprache eine relativ lange Zeit, um die Kinder auf ein solches Niveau zu bringen. Lang deshalb, weil Kinder in nichtschulischen Situationen oft nicht mehr als ein halbes Jahr benötigen, um eine zweite oder dritte Sprache so weit zu lernen, dass sie kaum noch als Nicht-L1-Sprecher identifizierbar sind. Derzeit müssen wir uns damit abfinden, dass selbst wenn Kita und Grundschule zu einem Verbund zusammengefasst werden, dieser institutionelle Kontext nicht mehr hergibt. Ob sich das ändert, wenn die Zeit in der Krippe hinzukommt, lässt sich noch nicht sagen.

5.4.2 Einstellung zu Schule, Bildung und Literalität

Die grundlegenden Beobachtungen, weshalb die Einstellung zu Schule, insbesondere zu allem, was mit Schrift und Schriftkultur zu tun hat, eine so wichtige Rolle für den Schulerfolg spielt, wurden schon in den 1970er Jahren in Skandinavien in einer von der UNESCO in Auftrag gegebenen Studie gemacht (Skutnabb-Kangas/Toukomaa 1976).

Zwischen Finnland und Schweden hatte sich über viele Generationen eine Tradition herausgebildet, derzufolge junge finnische Arbeiterfamilien nach Schweden zogen, um dort ihren Lebensunterhalt zu sichern.

Die Kinder wurden in die örtlichen schwedischen Schulen geschickt. Dort blieben, ähnlich wie viele Kinder mit Migrationshintergrund in Deutschland und anderen Industriestaaten, unverhältnismäßig viele von diesen finnischen Kindern relativ erfolglos. Sie lernten zwar das altersgemäße Umgangsschwedisch, hatten aber gravierende Lücken im für schulische Zwecke erforderlichen Schulschwedisch. Folglich erreichten sie auch im Hinblick auf die Inhalte der Fächer nicht das durchschnittliche Niveau. Diese geradezu sprichwörtlich bekannten Missstände sollten in der UNESCO-Studie geklärt werden.

Das Besondere an dieser Untersuchung war, dass man auch eine stattliche Anzahl von Geschwistern einbeziehen konnte. Auf diese Weise wurden einerseits die eben genannten Missstände bestätigt, gleichzeitig konnte man aber auch zeigen, dass bestimmte Kinder in besonderem Maße betroffen waren. Die Problemfälle waren die jüngeren, die noch über keine Schulerfahrung verfügten. Ältere Kinder, die in Finnland bereits ein oder zwei Jahre in die Schule gegangen waren, schnitten in der Regel besser ab. Sie konnten ihr Schwedisch zügig um das für akademische Zwecke Erforderliche erweitern und sich deshalb auch die Inhalte der Fächer altersgemäß aneignen. Offensichtlich half den älteren Kindern, dass sie bereits wussten, worum es in der Schule geht. Sie verfügten über die erforderlichen Konzepte und ihre Einstellung zu Schule und der Welt der Bücher und des Schreibens war bereits so weit positiv entwickelt, dass sie dieses Wissen nutzen konnten, um die neue Schulwelt in Schweden zu verstehen und sich auf dieser Grundlage die neue Sprache zügig zu erschließen.

Ganz anders die jüngeren Kinder ohne vorherige Schulerfahrung, sie blieben weitgehend erfolglos. Die Gründe für diesen Misserfolg waren nicht in irgendwelchen biologisch bedingten Unzulänglichkeiten zu suchen; dies ließ sich besonders einleuchtend aus den Vergleichen der Geschwister ableiten. Die oben geschilderte Verteilung nach Erfolg und Misserfolg ergab sich auch für die einzelnen Familien. D. h. in derselben Familie waren die älteren Geschwister mit Schulerfahrung aus Finnland erfolgreicher, während ihre jüngeren Geschwister ohne vorherige Schulerfahrung in den schwedischen Schulen überproportional häufig weniger erfolgreich blieben. Es ist nicht anzunehmen, dass die jüngeren Kinder in den Familien eine bildungsfernere Erziehung als die älteren Geschwister genossen haben, daher kann es nur das Produkt dessen sein, was ihnen in den ersten Schuljahren vermittelt wurde. Wenn die finnischen Schulen dergleichen schaffen, warum sollte das nicht auch in anderen Ländern gelingen?

Wie überaus wichtig es ist, eine positive Einstellung zur Schriftkultur und zu Schule zu entwickeln und die Kinder schon möglichst früh an sie heranzuführen, merkt man in Ländern wie Deutschland erst dann, wenn diese Voraussetzungen nicht erfüllt sind, nämlich bei Kindern aus bildungsfernen Familien. Fehlt diese Einstellung und das Vorwissen, worum es bei Schule eigentlich geht, tun sich die Kinder in der Schule besonders schwer. Kommen noch unzureichende Sprachkenntnisse hinzu, holen solche Kinder ihre Defizite in aller Regel während ihrer ganzen Schulzeit nicht mehr auf.

Wie in Kapitel 5.3 bereits skizziert, haben die Ergebnisse der skandinavischen UNESCO-Studie in anderen Ländern schon in den 1970er Jahren den Stein ins Rollen gebracht, indem man gezielt versucht hat, das Bedingungsgefüge, wie es sich aus Skutnabb-Kangas/Toukomaa 1976 ergab, für die Beschulung von Kindern mit vergleichbar ungünstigen Voraussetzungen zu nutzen. Wenn der Schulerfolg so entscheidend von der Einstellung und dem Vorwissen über das, was in der Schule geschieht, abhängt, müsste man Kindern mit derartigen Defiziten helfen können, indem man diese Rückstände möglichst schnell abbaut. Am schnellsten geschieht das natürlich nicht über die Sprache, die ein Kind schlecht oder gar nicht beherrscht, sondern über seine stärkste. Das ist in aller Regel die Familien- oder Herkunftssprache.

Dieses Vorwissen und die entsprechende Einstellung bildet sich bei Kindern lange, bevor sie lesen und schreiben lernen, heraus. Und zwar in der Familie, indem sie erleben, welchen Wert Bücher haben, wie man mit ihnen und anderen Medien umgeht, wenn ihnen vorgelesen wird, wenn Geschichten erzählt werden und wenn man die Kinder selbst erzählen lässt. Kinder aus bildungsfernen Kreisen, denen diese Dinge in der Familie nicht vorgelebt werden, haben in der Schule in der Regel große Probleme, wenn es nicht gelingt, diese Defizite in der Kita zu beheben oder zumindest zu verringern. Deshalb muss im Einzugsgebiet solcher Kinder ganz besonders darauf geachtet werden, dass – insbesondere in der Kita – die Voraussetzungen dafür geschaffen werden, dass die Kinder den Umgang mit Büchern, Texten, bis hin zu den modernen Medien und was man mit ihnen alles anstellen kann, selbst erleben.

Natürlich ist die Einstellung zu Lernen, Kita, Schule, Bildung und Schriftlichkeit entscheidend geprägt durch die Kultur, in der ein Kind aufwächst. Kinder aus Kulturen mit einer gegenüber den Kulturen (West)Europas bildungsferneren Einstellung haben daher von vornherein schlechtere Startvoraussetzungen in unseren Schulen. Ihre Herkunftskultur bereitet sie weniger auf unsere westlich geprägte Schule vor, wie sich aus den leidvoll bekannten Problemen von Kindern mit Migrationshintergrund unschwer erkennen lässt. Was erreicht werden kann, wenn die Familienkultur z. B. in türkischen Familien so ergänzt wird, dass Schule, Bildung und Schriftlichkeit ihren gebührenden Stellenwert erhalten, kann jetzt auch für Deutschland, und zwar am Beispiel der Kieler Kita *Mosaik* gezeigt werden (ausführlich in Kapitel 6).

✳ ✳ ✳

Der Blick auf die Sozialisation sollte illustrieren,
- wie wichtig es ist, dass Kinder vor ihrer Einschulung die erforderlichen Voraussetzungen für einen erfolgreichen Schulbesuch entwickeln können;
- dass diese Voraussetzungen auch für den Erwerb weiterer Sprachen gelten;
- dass bei Kindern, die diese Voraussetzungen nicht in ihrer Familie entwickeln konnten, der intensive und frühe Besuch einer Kita eine exzellente Möglichkeit ist, diese Defizite so zeitig auszugleichen, dass auch diese Kinder sich in sprachlicher Hinsicht noch altersgemäß entwickeln können.

Gerade im Hinblick auf die friedliche Integration von Migranten aus anderen als den abendländischen Kulturkreisen bieten Kita und Krippe eine effektive, möglicherweise sogar die einzige Möglichkeit, die Sprache des Gastlandes gut zu lernen, ohne die Herkunftssprache aufgeben zu müssen und sich – z. B. im Sekundarbereich – auch eine Weltsprache wie Englisch als dritte Sprache angemessen aneignen zu können. (Einzelheiten, wie Kitas für diese Zwecke zu organisieren sind, in Kapitel 6).

Menschliche Sprachen dürften die komplexesten Kommunikationssysteme sein, die die Evolution bislang hervorgebracht hat. Von Nichtsprachwissenschaftlern wird der Grad ihrer Komplexität und damit auch der Spracherwerbsprozess in der Regel hoffungslos unterschätzt. In der Tat ist gar nicht recht vorstellbar, wie angesichts dieser Komplexität Sprachen anders als intuitiv gelernt werden können, ganz ähnlich wie man laufen, hören oder sehen lernt.

Entsprechend sollten die Beispiele 1 bis 3 in Kapitel 5.2.2 zeigen, dass Fehler charakteristisch für jede Form von Spracherwerb sind und dass sie auch nicht nur bei kleinen Kindern vorkommen. Sie resultieren aus der Art, wie das menschliche Gedächtnis arbeitet, wenn Sprachen gelernt werden. Diese Fähigkeiten sind Teil unserer biologisch verankerten Voraussetzungen zum Erwerb von Sprachen und zum Umgang mit ihnen. Jeder Mensch verfügt über diese Fähigkeiten; sie brauchen niemandem beigebracht zu werden. Genau deshalb führt IM zu so überragenden Ergebnissen, obwohl die Kinder nicht gezeigt bekommen, wie Sprachen gelernt werden.

Diese Sicht widerspricht der herkömmlichen Auffassung von Unterricht und von der Rolle einer Lehrkraft. In der alten Sichtweise bestimmt und steuert der Lehrer, was und wie gelernt wird. Er folgt dabei einem Lehrplan, in dem festgelegt ist, welche Strukturen wann durchzunehmen und von den Schülern zu lernen sind. Im IM-Unterricht gibt es keine derartigen Vorgaben. Im Einklang mit modernen Auffassungen über kindliches Lernen bestimmen die Kinder individuell und intuitiv, was und wie gelernt wird und in welchem Tempo dies geschieht. Die Lehrkräfte müssen hinnehmen, dass dabei – unvermeidbar – Fehler gemacht werden. Sie sind entwicklungsspezifisch, d. h. ohne sie geht es nicht, denn sie sind ein integrierter Bestandteil des Erwerbsprozesses. Transkript 6 belegt, dass die Kinder diese Fehler im Laufe ihrer Entwicklung von selbst in einer Weise überwinden, die viele Forscher mutmaßen lässt, dass sie einem angeborenen Plan folgen.

Zum Schluss dieses Kapitels noch einmal zurück zur weitverbreiteten Annahme, Kinder sollten möglichst früh, spätestens in der Kita oder Grundschule mit dem L2-Erwerb beginnen. Der Blick in die psycholinguistische Literatur (Kap. 5.2.3) zeigt zwar, dass die Altersfrage derzeit weniger weit geklärt ist, als man sich wünschen würde. Auch sind die kleinen Kinder nicht notwendigerweise die schnellsten und erfolgreichsten Lerner. Das sind Kinder im Alter von 9 bis 12 Jahren (Überblick Wode 1981, 1993). Dennoch gilt nach wie vor, dass wenn Kinder die Chance erhalten, eine weitere Sprache sehr früh zu lernen, sie überproportional bessere Chancen haben, als Erwachsene ein gutes Niveau zu erreichen.

Bilinguale Kindertageseinrichtungen: Kitas und Krippen

In der Diskussion zur Weiterentwicklung des deutschen Bildungssystems wird seit dem PISA-Schock immer wieder gefordert, die Zeit vor der Einschulung einzubeziehen. In der Regel denkt man dabei an Kitas, neuerdings auch an Krippen. Allerdings lässt man die, die es dort richten sollen, mit solchen Forderungen noch im Stich, solange nicht auch deutlich gesagt wird, was dort inhaltlich vermittelt werden soll und wie dies geschehen kann. Dies gilt auch für den Beitrag, der für die Sprachförderung geleistet werden soll. Deshalb sollten Erzieher, Lehrer und Eltern in den Entwicklungsprozess einbezogen werden. Das ist umso wichtiger, als man angesichts der Transkripte in Kapitel 3 versucht sein könnte, die drei Jahre in der Kita für entbehrlich zu halten, da ihr Beitrag gemäß Transkript 1 und 2 relativ gering zu sein scheint, da auch Kinder ohne Englischvorkenntnisse aus der Kita überaus erfolgreich in den IM-Unterricht integriert werden können. Dies wäre jedoch aus zwei Gründen eine verhängnisvolle Fehleinschätzung des Unterrichtsgeschehens in der Schule. Zum einen: Dass die Kinder ohne Englischvorkenntnisse so schnell so weit gekommen sind, verdanken sie gerade den Kindern mit den Vorkenntnissen aus der Kita. Letztere dominieren zwar anfangs sprachlich, reißen die anderen aber dadurch mit. Zum Zweiten bieten die immersiven Kitas und Krippen im Hinblick auf die bildungspolitische Herausforderung, die Mehrsprachigkeit auf breiter Basis zu fördern, drei ganz wichtige Vorteile:

- Die Kontaktzeit zur neuen Sprache wird um drei Jahre oder mehr erweitert. Damit wird genug Zeit gewonnen, um im Laufe der Schulzeit drei Sprachen hinreichend intensiv und lange genug fördern zu können.
- Die auch für das Erlernen von Sprachen besonders fruchtbare Zeit vor dem 6. Lebensjahr, also vor Eintritt in die Grundschule, kann genutzt werden.
- Die beeindruckenden rezeptiven Fähigkeiten, die die Kinder in der Kita entwickeln, schaffen die Grundlage dafür, dass es in der Grundschule zu dem in Transkript 3 illustrierten explosionsartigen Sprung in der Entwicklung der neuen Sprache kommen kann.

Nicht zuletzt aus diesen Gründen ist es wichtig, dass sich auch die Eltern der Kinder ein realistisches Bild davon machen, was bei IM in einer immersiven Kita bzw. Krippe passiert. Die zentralen Fragen sind:
- Wie müssen immersive Kitas und Krippen strukturiert sein, damit sich die in Kapitel 3 anhand der Transkripte 1 bis 6 illustrierten Ergebnisse erzielen lassen?
- Eignen sich dieselben Organisationsformen für alle Kinder?
- Wie muss die neue Sprache dargeboten werden, damit die Kinder überhaupt die Möglichkeit erhalten, ihre natürlichen Sprachlernfähigkeiten zu nutzen?
- Von wem sollen die Kinder die neue Sprache lernen?
- Welchen Beitrag leisten innerhalb des Elementarbereichs die Kitas, welchen die Krippen und welchen die Schule?

Derzeit liegen nicht genügend praktische Erfahrungen und keine ausreichenden wissenschaftlichen Forschungsergebnisse vor, um die drei Bereiche Krippe, Kita und Grundschule gleich ausführlich zu besprechen. Das meiste Material liegt dank der Untersuchungen zum Altenholzer Verbund, für die Zeit der Grundschule vor. Für die Zeit vor der Einschulung ist die Forschung weniger umfangreich, und auch sie stammt im Wesentlichen aus der Erprobung in Altenholz oder es handelt sich um Weiterentwicklungen von ehemaligen Mitarbeitern. Mehrsprachigkeit durch Immersion in Krippen zu fördern, ist der jüngste Schritt in dieser Entwicklung. Deshalb bietet es sich an, in diesem Kapitel zunächst IM in Kitas zu besprechen und dann zu überlegen, ob und wie weit immersive Krippen nach den gleichen Gesetzmäßigkeiten funktionieren.

6.1 Struktur und Funktionsweise bilingualer Kitas

Der Grundgedanke ist, immersive Kitas so zu organisieren, dass sich für die Kinder möglichst günstige Gelegenheiten ergeben, ihre natürlichen Sprachlernfähigkeiten auf kindgemäße Weise zu aktivieren. Entscheidend ist daher, dass die Sprache so verwendet wird, dass die Kinder sich die sprachlichen Strukturen ohne Erklärungen von den betreuenden Personen eigenständig erschließen können. Folglich muss die neue Sprache so in die Abläufe der Kita eingebettet werden, dass den Kindern z. B. die Bedeutung der Wörter aus den Situationen, in denen sie verwendet werden, klar wird. Ganz wichtig: Kinder werden dadurch nicht vor gänzlich neue Aufgaben gestellt, denn dieses Erschließen sprachlicher Strukturen aus dem Kontext müssen die Kleinen tagtäglich auch für ihre L1 leisten. Entgegen einer weit verbreiteten Annahme ist das Erschließen der Bedeutung neuer Wörter und sprachlicher Strukturen für Kinder selbst mit Eintritt in die Schule noch längst nicht abgeschlossen.

6.2 Dieselbe Organisationsform für alle Kinder?

Die Schilderung der Zusammenhänge zwischen Spracherwerb, Sozialisation und der Rolle der stärkeren Sprache bei mehrsprachigen Kindern in Kapitel 5 sollte u. a. darauf vorbereiten, dass bilinguale Kitas nicht für alle Kinder gleich strukturiert sein sollten und dass es sich stattdessen empfiehlt, nach ihrer sprachlichen, kulturellen und sozialen Situation zu differenzieren. Mit sprachlicher Situation ist gemeint, welche und wie viele Sprachen ein Kind von Haus aus mitbringt. Die kulturelle Situation bezieht sich auf den Kulturkreis, dem sich die Familie des Kindes verpflichtet fühlt bzw. in dem das Kind aufwächst, z. B. deutsch-christlich, türkisch-muslimisch usw. Im Hinblick auf die soziale Situation war insbesondere die Einstellung zu Schule, Bildung und Schriftkultur besonders wichtig.

In Bezug auf die sprachliche Situation in Deutschland empfiehlt es sich, auch die Kitas nach den in Kapitel 2.5 genannten drei Zielgruppen zu differenzieren. Allerdings müssen sie um eine vierte ergänzt werden. Aus Gründen einer besseren Übersicht sind auch die ersten drei nachstehend nochmals aufgeführt:
- **Typ (a):** Monolinguale deutschsprachige Kinder, die eine weitere Sprache lernen sollen, etwa Englisch, Französisch oder Spanisch.
- **Typ (b):** Kinder sprachlicher Minderheiten, die, wie Friesen, Sorben oder Dänen, schon lange in der Region heimisch sind, alle Hochdeutsch als L1 oder als ihre dominante Sprache beherrschen und die die Sprache ihrer Vorfahren lernen sollen.
- **Typ (c):** Kinder aus Minderheiten, die, wie Migranten, erst seit kürzerer Zeit in der Region leben und die entweder ihr Deutsch oder ihre Herkunftssprache lernen bzw. verbessern sollen.
- **Typ (d)**: Sprachlich heterogene Gruppen für Kinder aus vielen verschiedenen Kulturen und mit mehreren Sprachen in der Gruppe.

Während das Kriterium der sprachlichen Situation eine klare Viergliederung ergibt, führt die soziale und kulturelle Situation zu einer weiteren Gruppierung, die sich mit den vier (a–d) überschneidet. Es handelt sich um Kinder aus bildungsfernen Familien, die z. B. eine negative oder gleichgültige Einstellung zu Krippe, Kita, Schule, Bildung und Schriftkultur haben. Diese Einstellung hat nichts mit biologisch begründeten Unzulänglichkeiten zu tun. Sie kann sich sowohl aus dem Selbstverständnis der Kultur, in der die Kinder groß werden ergeben, wie es vielfach bei Kindern mit Migrationshintergrund der Fall ist, aber auch aus sozial schwachen oder zerrütteten Familienverhältnissen erwachsen, wie man es leider auch aus deutschen Familien kennt.

Mit immersiven Kitas der Gruppen (a) und (b) gibt es inzwischen auch in Deutschland genügend Erfahrungen, sodass man guten Gewissens sagen kann, dass sie sich nach dem Altenholzer Muster versorgen lassen. Die Gruppe (c) hingegen ist wegen der in der Regel äußerst vielschichtigen sprachlichen und sozio-kulturellen Situation besonders komplex. Dies führt oft zu Enttäuschungen, weil die Erwartungen von vornherein unrealistisch hoch angesetzt werden oder weil die für diese Kinder ergriffenen Maßnahmen unangemessen sind, wenn z. B. die Einstellung zu Schule und Schriftkukltur in den Familien unzureichend ist. Die Gruppe (d) ergibt sich als Notlösung, wenn die Zahl der Kinder mit demselben sprachlichen Hintergrund so gering ist, dass keine gesonderte Gruppe eingerichtet werden kann. Eine intensive Förderung der einzelnen Familiensprachen ist in solchen Fällen kaum möglich. Folglich bleibt nur, die jeweilige Landessprache als Arbeitssprache zu verwenden und sie dadurch zu fördern.

Im Folgenden werden zunächst exemplarisch einige erfolgreiche immersive Kitas vorgestellt, um den Spielraum an Gestaltungsmöglichkeiten zu illustrieren, mit denen man auf die obigen Zielgruppen eingehen kann. Danach werden die Gesichtspunkte erläutert, die sich bisher im Hinblick auf Erfolg oder Misserfolg als besonders hilfreich erwiesen haben.

6.3 Einige Beispiele für erfolgreiche immersive Kitas

Die Kitas sind nach den oben genannten Zielgruppen ausgewählt: also (a) für monolinguale Kinder aus sprachlichen Majoritäten, z. B. deutschsprachige in Deutschland, französischsprachige in Frankreich, (b) für Kinder aus sprachlichen Minoritäten, die die Herkunftssprache lernen sollen, aber die Majoritätensprache sprechen, z. B. Niederdeutsch in Ostfriesland oder Dänisch in Schleswig-Holstein, und (c) Migrantenkinder mit unzureichenden Kenntnissen der Majoritätensprache, z. B. Deutsch, bei gleichzeitig unzulänglichen Kenntnissen der Herkunftssprache, z. B. Türkisch. Die Gruppe (d) kann hier nicht besprochen werden, da keine hinreichend detaillierten einschlägigen Untersuchungen vorliegen.

6.3.1 Monolinguale deutschsprachige Kinder oder mehrsprachige Kinder mit Deutsch als stärkerer Sprache

Aus dieser Gruppe werden zwei Kitas vorgestellt, damit deutlich wird, dass dieselbe Organisationsform nicht nur für Englisch zum Erfolg führt.

Französisch: Die *Rappelkiste* in Rostock

Mit der *Rappelkiste* ergab sich Mitte der 1990er Jahre der eigentliche Anstoß, zu versuchen, Kita und Grundschule im Sinne der Zielsetzung dieses Buches zu verbinden und IM als Methode in das öffentliche Schulsystem einzuführen.

Besonders attraktiv an der Rostocker Konzeption war, dass mit den zuständigen Stellen vereinbart war, dass die bilingual betreuten Kinder bei ihrem Eintritt in die Grundschule von Anfang an Französischunterricht erhalten sollten. Die ursprünglich angedachte IM ließ sich dort leider nicht verwirklichen. Seit 1998 wird in der *Rappelkiste* neben Französisch auch Englisch angeboten, und zwar nach dem gleichen Muster.

Die französische Kindergruppe wurde 1995 eingerichtet. Die Betreuung der Kinder erfolgt nach dem Prinzip Eine-Sprache-pro-Person und nach den in Kapitel 6.5 zusammengefassten Gesichtspunkten. Die in Rostock gemachten Erfahrungen bildeten die Grundlage für die Einrichtung weiterer Kitas, u. a. der *AWO-Kita* in Altenholz.

Die Kinder nehmen die neue Sprache ohne Hemmungen an. Nach fünf bis sechs Wochen können die Tagesaktivitäten in der Fremdsprache erledigt werden. Neue Aktivitäten – auch Spiele – können in ihr erklärt und vorgemacht werden und werden auch „verstanden", wenn sie angemessen kontextualisiert sind. Die spontane Produktion hinkt hinterher. Untereinander gibt es für die Kinder wenig Anlass, auf die neue Sprache zurückzugreifen. Nach einem halben Jahr geschieht es jedoch spontan, wenn auch nur in besonderen Situationen. So beklagte sich z. B. ein Mädchen auf dem Spielplatz empört beim frankophonen Betreuer auf Deutsch über eine störende Mitspielerin. Er spendet Trost auf Französisch und schließt mit: „*C'est méchant. Méchant!*". Die Getröstete eilt zurück, stellt den Störenfried, beschimpft sie lange und lautstark auf Deutsch und endet emphatisch mit der geballten Autorität der neuen Sprache und ihres Repräsentanten: „*... Méchant!*"

In einer anderen Situation bittet ein Kind den französischen Betreuer mehrfach und insistierend auf Deutsch um etwas, wird aber stets auf Französisch mit *non* abgewiesen. Das Kind gibt nicht auf und greift schließlich situationsgerecht zu Französisch: „*Si!* (doch!)".

Die tatsächliche sprachliche Leistungsfähigkeit lässt sich in Spielen bzw. in Tests, die auf solchen Spielen aufbauen, sichtbar machen, etwa nach dem Muster von Memory oder durch Spiele mit Handpuppen. So werden z. B. Bilderkärtchen schon nach sechs Monaten nach mündlicher Anweisung richtig identifiziert und benannt. Die älteren Kinder schlüpfen bei diesen Spielen nach acht Monaten gern in die Rolle des Moderators und stellen die erforderlichen Fragen auf Französisch. Es versteht sich, dass die Kinder dabei die aus der L2-Forschung hinreichend bekannten entwicklungsspezifischen Fehler machen, hier besonders auffällig z. B.: *un le-soleil* für *Sonne* oder *un le-lapin* für *Kaninchen*. In diesen Fällen fehlt noch die Entdeckung, dass *le* der Artikel und nicht Bestandteil von *soleil* bzw. *lapin* ist. Wie soll ein Kind diese Gliederung vornehmen, wenn es meistens *c'est le soleil* (das ist die Sonne), *c'est la fenêtre* (das ist das Fenster) oder *c'est l'autobus* (das ist der Bus) hört?

Besonders aufschlussreich, wie Kinder vorgehen, war ein Test zur Überprüfung der Bedeutungen, die die Kinder mit häufig wiederkehrenden formelhaften Wendungen verbinden. Obwohl es den Anschein hat, als benutzen und verstehen die Kinder diese Formeln bereits im zielsprachigen Sinne, zeigen die Experimente mithilfe von Handpuppen, dass diese Einschätzung falsch ist, weil die einzelnen Kinder recht unterschiedliche Aspekte der Gesamtsituation mit diesen formelhaften Wendungen verknüpfen (Tabelle 6, S. 79).

In den Experimenten wurden die Kinder gebeten, als Übersetzer auszuhelfen. Zwei Puppen sind im Spiel. Einer wird die Rolle zugewiesen, dass sie zum ersten Mal eine bilinguale Kita besucht und noch kein Französisch versteht. Der anderen Puppe fällt die Rolle des erfahrenen Kindes zu, das den Kindergarten schon seit Längerem besucht und daher bereits Französisch kann. Ein Kind wird gebeten, in der Rolle der erfahrenen Puppe dem Neuankömmling die französischen Anweisungen zu übersetzen oder zu erklären. Auf diese Weise zeigt sich, welche Bedeutung der Ausdruck für das Kind tatsächlich hat.

Tabelle 6: Übertragung formelhafter Wendungen in Übersetzungsexperimenten mit Handpuppen bei deutschen Kindern aus der deutsch-französich bilingualen Kita *Rappelkiste* in Rostock. (Wode 2001 nach Westphal 1998).

	Französische Wendung	Deutsches Äquivalent	Kind	Übersetzung der Kinder
1	on va chanter une chanson	lasst uns ein Lied singen	G* / L	tschüss / Schuhe
2	on va jouer	lasst uns etwas spielen	A / B / I, L	Hände waschen / waschen gehen / guten Tag
3	on range maintenant	lasst uns aufräumen	I	'ne Orange
4	on va dehors	lasst uns rausgehen	I	dann gehen wir raus
5	on rentre	wir gehen wieder rein	A, B / C	aufräumen / Eisenbahn spielen

* Die Kinder sind durch Großbbuchstaben anonymisiert.

Die Beispiele in Tabelle 6 zeigen, dass die individuelle Variation zwischen den Kindern sehr groß ist. Völlig zielgerechte Übertragungen sind anfangs nicht notwendigerweise in der Mehrzahl. Dennoch verdeutlicht schon ein flüchtiger Blick auf Tabelle 6, dass trotz des großen Ausmaßes an interindividueller Variation sämtliche Übertragungen der Kinder einen Aspekt des Gesamtkontextes herausgreifen, der auch tatsächlich in der Situation von Belang ist. Darüber hinaus hängt die Deutung der Formeln durch die Kinder, offenbar stark von ihren persönlichen Neigungen in der jeweiligen Situation ab, etwa wenn Kind C (5) *on rentre* missdeutet als *Eisenbahn spielen*, seiner Lieblingsbeschäftigung. Dies schließt auch Fälle wie (1) oder (3) ein. In (1) hat das Kind L sich offenbar verhört und *chanson* als *chausson* (Pantoffel) missverstanden. In (3) wird *on range* missverstanden und als *orange* (Orange) übersetzt. Darüberhinaus sind Missverständnisse wie in (1) durchaus gängig, indem das Singen eines Liedes beim Abschied als Verabschiedungsritual gedeutet wird. (Weitere Einzelheiten zur Sprachentwicklung in der *Rappelkiste* bei Westphal 1998 und zur Arbeitsweise bei Beauné 2003.)

Englisch: Die *AWO-Kindertagesstätte* in Altenholz

In dieser Einrichtung wurde die erste auf Englisch geführte Gruppe 1996 eingerichtet, und zwar nach dem Muster und den Erfahrungen aus der Rostocker *Rappelkiste*. In Altenholz konnte der Kontakt zur Claus-Rixen-Schule früh hergestellt werden. Man war erfreulicherweise bereit, es mit IM zu versuchen. Die detaillierten wissenschaftlichen Ergebnisse und die praktischen Erfahrungen aus diesem Verbund waren letztlich die Grundlage dafür, dass guten Gewissens die Ausweitung des IM-Modells auf breiter Basis empfohlen werden konnte.

Die sprachliche Entwicklung der Kinder entsprach ganz der in der *Rappelkiste*. Auch hier entwickelte sich das Hörverstehen vor der Produktion. Der Tageslauf konnte nach gut sechs Wochen auf Englisch bewältigt werden und auch in Altenholz griffen die Kinder untereinander nur dann zur neuen Sprache, wenn es unbedingt sein musste. Beispielsweise berichtet Tiefenthal 1999, dass ein Mädchen nach nur einem Monat Kontakt zu einer Studentin, die einmal pro Woche als Beobachterin in die *AWO*-Gruppe kam und von der die Kinder glaubten, sie könne kein Deutsch, sagte (6.1):

(6.1)   Mädchen: *Ich wusste nicht, dass du heute kommst*
           Studentin: I come every Monday
           Mädchen: *Was ist* Monday?
           Studentin: Monday, Tuesday, Wednesday
           Mädchen: *Du meinst die Tage*

Bisweilen spielen die Kinder mit der Sprache. Nach sechs Monaten Kontakt reimt ein Kind ohne ersichtlichen Anlass (6.2):

(6.2)   Kind: Paul is dead. Niklas is red. Tini is fat

Der erste spontan produzierte eigenständige Satz wurde in folgender Situation nach sechs Monaten Kontakt registriert. Einem Kind wird beigebracht, dass der Kaffee *hot* (heiß) sei. Darauf albert das Kind spontan (6.3):

(6.3)   Kind: *Tini* (Name der Studentin) is *hot*

Die Untersuchungsschwerpunkte zur *AWO-Kita* in Altenholz waren bislang die Entwicklung von Formeln, frühe Semantisierung, Phonologie und der frühe Wortschatz. Zu den Formeln bestätigt Maibaum 2000 fürs Englische die Ergebnisse zu den französischen Formeln aus der Rostocker *Rappelkiste*.

Zur Entwicklung der Aussprache zeigen Berger 1999, Tonn 1999, und Wode 2009, dass zwar schon die Dreijährigen anfangs den für Erwachsene und ältere Jugendliche charakteristischen deutschen Akzent haben, ihn aber im Laufe der Zeit ohne Korrekturhilfen merklich verringern. Zwar verschwindet er selbst bis zum Ende der Grundschule nicht (Sieg 2004, Wode 2009, i. Vorb.), aber dennoch ist die Aussprache der meisten Kinder ausgezeichnet.

Zum frühen Wortschatz kann Tiefenthal 1999, 2008 in ausgeklügelten Experimenten nachweisen, dass L2-Kinder wie L1-Kinder ein Wort keineswegs besonders oft hören oder besonders intensiv üben müssen, um es längerfristig zu behalten. Oft genügt schon die einmalige Erwähnung. Rohde 2005 liefert dafür eine plausible Erklärung. Offenbar folgen Kinder auch im L2-Erwerb Strategien, lexikalische Prinzipien genannt, nach denen sie unter bestimmten Bedingungen einem neuen Wort eine Bedeutung zuweisen, ohne sie an vielen Beispielen zu überprüfen. Beispielsweise unterstellen Kinder, wenn sie ein neues Wort, z. B. *Hund* bzw. *dog* hören, dass es sich auf das ganze Objekt oder Lebewesen bezieht, also nicht auf Fell, Farbe, Größe oder Gebell. Auf diese Weise kann das Kind theoretisch eine unbegrenzte Menge an Bedeutungsalternativen ausschließen und schon im Moment der ersten Erwähnung dem neuen Wort eine Bedeutung zuordnen.

Ein weiteres überaus hilfreiches Prinzip ist das Taxonomie-Prinzip. Es besagt, dass ein Kind bei einem Wort wie *Hund/dog* nicht erst prüft, ob es sich um einen Namen, also die Bezeichnung eines individuellen Tieres handelt, sondern spontan annimmt, dass es ein Klassenbegriff ist, der für alle Objekte/Lebewesen dieser Art gilt. Nach einem dritten Prinzip unterstellen Kinder, dass ein Objekt nur eine Bezeichnung hat, zwei verschiedene Wörter sich daher gegenseitig ausschließen, da ein einzelnes Objekt nicht gleichzeitig eine Kuh und ein Hund sein kann. Folglich suchen kleine Kinder bei einem neuen Wort nach einem Objekt, für das sie noch keine Bezeichnung haben (Rohde 1999, 2005, Rohde/Tiefenthal 2000).

Interessanterweise zeigen Rohdes Experimente nicht nur, dass diese lexikalischen Prinzipien für den L1-Erwerb und den L2-Erwerb gelten, sondern dass sie im L2-Erwerb noch schärfer als im L1-Ewerb greifen. Außerdem lernen mehrsprachige Kinder viel schneller als monolinguale, dass dasselbe Objekt/Lebewesen durchaus zwei Bezeichnungen haben kann, nämlich aus unterschiedlichen Sprachen.

6.3.2 Erwerb von Minderheitensprachen durch Kinder der Majoritätensprache

Dänische Kindergärten in Schleswig-Holstein

Einen bilingualen Effekt haben in der Regel Kindergärten in Grenzgebieten im Hinblick auf die beiderseits der Grenze gesprochenen Sprachen. So gibt es im schleswig-holsteinischen Grenzgebiet zu Dänemark viele dänischsprachige Kindergärten. Auf deutscher Seite der Grenze kommen die Kinder vorwiegend aus Familien mit besonderen Bindungen ans Dänische. Die Familien sprechen zumeist Deutsch. Die Kinder sind bei Eintritt in die Kita daher in der Regel monolingual oder dominant deutschsprachig. Im Umgang mit dem dänischsprachigen Personal und eventuell vorhandenen dänischsprachigen Altersgenossen lernen sie zusätzlich ausgezeichnet Dänisch.

Diese dänischen Kitas sind das erste Glied in einer aufs Dänische und die dänische Kultur ausgerichteten Erziehung. Die Kinder werden mit drei Jahren, z. T. auch jünger, aufgenommen. Das letzte Jahr vor der im Alter von sechs Jahren beginnenden Grundschule wird als Vorschule geführt. Nach der Kita kann eine dänischsprachige Grundschule und danach eine dänischsprachige Hauptschule, Realschule oder ein Gymnasium besucht werden. Diese Institutionen sind auf mehrere Orte verteilt, ein Gymnasium befindet sich in Flensburg. Das Abitur berechtigt zum Studium an dänischen und deutschen Universitäten gleichermaßen (Danska Skoleforening for Sydslesvig 1989). In der Regel treten weder in den Sprachen noch in den anderen Fächern Defizite auf.

Aus Sicht dieses Buches, nimmt sich das Modell der Dänischen Schulen wie die Vorwegnahme dessen aus, was in den meisten europäischen Schulsystemen derzeit fehlt, nämlich der Frühbeginn mit IM ab der Kita. Leider liegen noch keine derart detaillierten Berichte zur Sprachentwicklung in diesen dänischen Institutionen vor, wie sie im Zusammenhang dieses Buches benötigt werden.

Deutsch für französische Kinder im Elsass

Ein besonders umfangreiches Vorhaben zur Sicherung und Verbreitung einer in der Region heimischen Sprache läuft seit Anfang der 1990er Jahre im Elsass für Deutsch. Das Ziel ist nicht, das Französische zu verdrängen, sondern man wünscht sich eine ausgewogene Zweisprachigkeit, ohne dass eine der beiden Sprachen bedroht wird, zumindest aber ein funktional angemessenes Niveau auch für Deutsch. Der Erwerb des Deutschen beginnt in der Kita (*école maternelle*). Die dort erworbenen Deutschkenntnisse werden in der nachfolgenden Grundschule weitergefördert. Beide Phasen und die Lehrpläne sind aufeinander abgestimmt.

Die Kinder kommen z. T. bereits mit zwei Jahren in die Kita. In der Regel sprechen sie dann Französisch, zumindest ist Französisch die dominante Sprache. Bilingual geführt werden die Gruppen ab dem Alter von drei Jahren. Ursprünglich wurden zwei Optionen angeboten: eine mit je 13 Stunden pro Woche für Deutsch und für Französisch, also jeweils 50 % pro Sprache, die zweite mit nur 6 Stunden pro Woche für Deutsch. Diese Verteilung wurde auch in der Grundschule beibehalten. Deutsch wurde sowohl durch Deutschunterricht gefördert als auch dadurch, dass es immersiv als Unterrichtssprache in einigen anderen Fächern verwendet wurde. Vermittelt wurde Hochdeutsch, nicht das Elsässer Deutsch. Nur das 13-Stundenmodell hat sich durchgesetzt. Nach Geiger-Jaillet 2005 besuchten im Schuljahr 2003/04 über 11.000 Kinder solche Schulen.

Fast einzigartig in Europa und deshalb besonders beachtenswert ist die Tatsache, dass das Elsässer Vorhaben einer strengen jährlichen Kontrolle seitens der französischen Schulbehörden unterliegt. Eine eigens zu diesem Zweck bestellte Kommission überprüft die Entwicklung in den beiden Sprachen und im Fach Mathematik. Es hat sich über die Jahre gezeigt, dass sich die bilingual betreuten Kinder in der *école maternelle* und in der Grundschule in Französisch und Mathematik nicht nur altersgemäß entwickeln, sondern in der Regel sogar etwas besser als die nicht bilingualen Vergleichsgruppen abschneiden (Commission académique d'évaluation de l'enseignement des langues 1996, 1997, Geiger-Jaillet 2005).

Für das Deutsche wird besonders die Diskrepanz in der Entwicklung der rezeptiven gegenüber den produktiven Fähigkeiten hervorgehoben (Petit/Rosenblatt 1994, Petit 1996, 2002). Weiter wird berichtet, dass die Kinder schon vor Ende des ersten Jahres auf Deutsch alles verstehen, was die täglichen Abläufe in der Kita betrifft und nach drei Jahren in der bilingualen Kita entspräche ihr Hörverstehen weitgehend dem L1-Niveau deutschsprachiger Altersgenossen.

Die spontane Produktion des Deutschen lässt hingegen länger auf sich warten. Am Ende des ersten Jahres ist sie noch recht selten und beschränkt sich auf kurze Äußerungen, die oft nur ein Wort umfassen.

Gegen Ende des dritten Jahres ist die Spontanproduktion insofern funktional angemessen, als die Kinder sich durchaus auf Deutsch verständlich machen können, wenn auch nur in rudimentärer Weise. Beispielsweise treten erst zu diesem Zeitpunkt die ersten Funktionswörter auf, also Artikel, Pronomina, Präpositionen, Konjunktionen. Die Endungen sind noch kaum ausgebildet. Typische Fehler sind:

- Die Artikel bleiben auf nur je eine Form beschränkt – zumeist *de* für den bestimmten, *ne* für den unbestimmten.
- *Mir* und *mich* werden noch nicht unterschieden.
- Die Endungen, z. B. der Adjektive oder der Substantive, fehlen.
- Bei den Verben wird die schwache Form übergeneralisiert.
- Die deutsche Wortstellung der Verben wird zwar in Hauptsätzen befolgt, in Nebensätzen aber noch nicht.

Ausdrücklich wird in diesem Zusammenhang darauf hingewiesen, dass die von den Kitakindern gemachten Fehler denen entsprechen, die auch aus dem natürlichen, d. h. außerhalb der Schule sich vollziehenden Spracherwerb bekannt sind.

Niederdeutsch in Ostfriesland

Seit 1997 läuft in Ostfriesland ein breit angelegter Versuch, das heimische Niederdeutsch zu fördern, indem es in den Kitas als Arbeits- und Umgangssprache verwendet und anschließend in der Grundschule kontinuierlich immersiv weiter gefördert wird. Im Schuljahr 1999/2000 wurden in 36 Kitas rund 1800 Kinder betreut. 2006 waren es rund 50 Kitas mit schon 2.800 Kindern (Nath et al. 2006). Die bisherigen Erfahrungen decken sich mit denen aus Rostock, Altenholz, dem Elsass und den dänischen Kindergärten.

Die Kinder kommen nicht nur aus alteingesessenen Familien, sondern auch aus türkischen und anderen erst kürzlich zugewanderten. Wie zu erwarten, gab es anfänglich die üblichen in Kapitel 5.1 besprochenen Ängste. Sie haben sich nicht bestätigt. Im Gegenteil, die Erfahrungen aus den Kitas haben zu einer merklich positiveren Einstellung zum Niederdeutschen unter den Erwachsenen, insbesondere unter den Eltern, Großeltern, Erziehern und Erzieherinnen geführt.

Das Beispiel des Niederdeutschen in Ostfriesland ist deshalb beachtenswert, weil es zeigt, dass auch autochthone Minderheitensprachen durch einen Verbund von bilingualer Kita und immersiv arbeitender Grundschule mit großem Erfolg gefördert werden können. Das ostfriesische

Beispiel beeindruckt dabei auch deshalb, weil die Zahl der teilnehmenden Kinder, anders als beim Friesischen in Schleswig-Holstein oder beim Sorbischen in der Lausitz, relativ groß ist.

6.3.3 Kitas für Kinder mit Migrationshintergrund

Für diese Ausgangssituation werden Kitas in Berlin und Kiel vorgestellt, die unterschiedliche Vorgehensweisen illustrieren. Die Kita *Mosaik* in Kiel-Gaarden ist im Sinne von Kapitel 5 auf die Bedeutung der Schriftkultur und auf die Förderung der Herkunftssprache ausgerichtet. Einige Berichte aus Berliner Kitas aus den 1980er Jahren zeigen, dass Kinder schon im Kitaalter sehr sensibel auf Unterschiede im Prestige von Sprachen reagieren.

Deutsch-türkische Kitas in Berlin

Versuche, Kindern bzw. Kindeskindern von Migranten ihre Herkunftssprache zu erhalten und ihr Deutsch zu fördern, hat es in Deutschland in der einen oder anderen Form vielfach gegeben. Diesen Versuchen wird oft pauschal nachgesagt, dass sie nicht sonderlich erfolgreich waren und dass diese Kinder ohnehin schwer zu beschulen seien. Diese Versuche sind allerdings nur in ganz wenigen Fällen wissenschaftlich so begleitet worden, dass sich die Sprachentwicklung der Kinder, wie für dieses Buch erforderlich, einschätzen ließe. Zu diesen wenigen Ausnahmen gehören Untersuchungen in einer türkisch-deutsch bilingualen Kita in Berlin aus den 1980er Jahren, die auch einige Beobachtungen zur Entwicklung beider Sprachen beinhalten. Allerdings wurden diese Untersuchungen nicht um der Kita willen, sondern aus primär psycholinguistischen Erwägungen vorgenommen (z. B. Pfaff 1992).

Manche Kinder kommen schon im Alter von sechs Monaten in diese Kita. Ihr sprachlicher Hintergrund ist unterschiedlich. Sie stammen aus rein deutschsprachigen Familien, rein türkischsprachigen oder aus gemischt deutsch-türkischsprachigen Familien.

Die Hälfte der Erzieher sprach Türkisch als L1, die andere Hälfte Deutsch. Über 90 % der Kinder sprachen Türkisch, oder es war ihre dominante Sprache. In der Regel verwendeten alle Erzieher nur ihre L1 im Umgang mit den Kindern, gleichgültig welche Sprache das Kind beherrschte. Deutsch wurde besser als Türkisch angenommen. D. h. die türkischsprachigen Kinder lernten mehr Deutsch als die deutschsprachigen Türkisch. Das Deutsch der türkischsprachigen Kinder entsprach auch am Ende der Kitazeit nicht dem Hochdeutsch, wie es in Berlin gesprochen wird.

Die Tatsache, dass Deutsch den größeren Lernerfolg hatte, muss in zweifacher Hinsicht überraschen. Einerseits wurde naturgemäß in der Kita mehr Türkisch als Deutsch gesprochen. Zum anderen lag die bilinguale Kita in Kreuzberg, wo Türkisch und nicht Deutsch dominiert. Trotz dieser Dominanz des Türkischen in der Kita und im Kreuzberger Umfeld der Kinder, haben sie offenbar schon vor der Einschulung ein Gespür dafür, dass nicht Türkisch die Mehrheitssprache in Berlin bzw. in Deutschland ist. Man erkennt: Derartige Dominanzverhältnisse spielen bereits vor der Einschulung eine wichtige Rolle im Sprachverhalten von Kindern und müssen bei der Entwicklung von bilingualen Kitas unbedingt berücksichtigt werden.

Mosaik in Kiel-Gaarden

Im Stadtteil Kiel-Gaarden leben heute so viele türkische Familien, dass kaum noch deutsche bzw. deutschsprachige Kinder in die Kita *Mosaik* kommen. Entsprechend haben die türkischen Kinder auch außerhalb der Kita wenig Kontakt zu deutschen Altersgenossen, sodass sie kaum Deutsch beherrschen. Deshalb musste in den Jahren 2002/2003 die Zielsetzung für die Kita so geändert werden, dass die Kinder ihr Türkisch nicht verlieren, aber auch hinreichend Deutsch lernen. Gearbeitet wird in der Kita nach dem Literalitätsansatz (Apeltauer 2004, Kuyumcu 2006, Kuyumcu/Kuyumcu 2004, Landeshauptstadt Kiel 2007). Die Situation in der Kita *Mosaik* ist so, wie in Kapitel 5.3 erläutert: Türkisch kommt anfänglich eine wichtige Rolle zu, damit die Kinder möglichst schnell und intensiv über ihre stärkere Sprache an die Welt der Schriftlichkeit herangeführt werden können. Besonders bemerkenswert an der Kita *Mosaik* ist, wie konsequent die neue Konzeption umgesetzt wurde und dass es gelang, die Familien so einzubinden, dass sie ihrer zentralen Rolle bei der Förderung des Türkischen gerecht werden und die Bemühungen um die Entwicklung einer positiven Einstellung zur Schriftkultur unterstützen können.

In ihrer Struktur entspricht die Kita *Mosaik* dem Muster der bereits besprochenen Einrichtungen. Auch hier betreuen jeweils zwei Erzieher die Kinder. Einer repräsentiert L1-Türkisch, kann aber auch sehr gut Deutsch; der andere repräsentiert L1-Deutsch, verfügt aber über Grundkenntnisse im Türkischen. Beide sprechen ihre L1 mit den Kindern.

Bemerkenswert an der Einrichtung ist, dass die Eltern aktiv am Kitageschehen teilnehmen. Man versucht, beide – Eltern und Kinder – an Schriftlichkeit heranzuführen, bzw. die Eltern zu überzeugen, ihr Familienleben so zu gestalten, dass dies schon in der Familie geschieht, zumindest aber angebahnt und unterstützt wird. Natürlich wird man keine türkische Familie für diese Idee gewinnen, wenn ein deutscher Behördenvertreter erklärt, wie die Familienkultur geändert werden müsse. Solche Eingriffe in die Verantwortlichkeit der Familie und in die Familienkultur verbieten sich von selbst. Diese Überzeugungsarbeit kann nur gelingen, wenn sie von Landsleuten kommt, die zugleich als Vorbild dienen und die mit den türkischen Familientraditionen in der Türkei und in Deutschland vertraut sind. Verabredet wurde schließlich, dass die Eltern die Entwicklung des Türkischen fördern, indem sie zu Hause viel auf Türkisch erzählen, vorlesen und sich erzählen lassen. Vor allem sollten Gute-Nacht-Geschichten zum festen Ritual werden.

In der Kita soll überwiegend Deutsch geboten, Türkisch aber nicht ausgeschlossen werden. Durch Exkursionen und Ausflüge sollen die Kinder ihre sprachlichen Kenntnisse über die Welt der Kita hinaus erweitern. Demselben Ziel dienen Kontakte zu Kitas mit einem hohem Anteil deutschsprachiger Kinder.

Um zur Literalität hinzuführen, gibt es eine Bücherecke für die Kinder und die Eltern. Die Kinder können sich nach eigener Wahl vorlesen lassen. Ergänzend gibt es einen Vorleseraum mit Kuschelsofa für die Kleingruppenarbeit und eine CD-Station mit Funkkopfhörern. Die Bücher und CDs können die Kinder und die Eltern nach Hause entleihen. Die Kinder lernen schnell, die Geräte zu bedienen, sodass sie sich ihre bevorzugten Lieder und Geschichten selbst auswählen können. Ergänzend gibt es eine Magnettafel mit Buchstaben zum selbstständigen Experimentieren und eine Mal- und Schreibecke. Sehr bewährt hat sich, dass einige Väter regelmäßig zu festen Zeiten in die Kita kommen und den Kindern auf Türkisch vorlesen.

Die bisherigen Erfahrungen und Forschungsergebnisse zur Entwicklung des Deutschen und des Türkischen in der Kita *Mosaik* liegen ganz im Trend dessen, was für die bereits besprochenen Kitas berichtet wurde. Offensichtlich scheint der Literalitätsansatz wie erhofft zu greifen. Die Stadt Kiel als Träger der Kita hat deshalb bereits 2005 damit begonnen, ihren Literalitätsansatz auf andere Kitas mit ähnlicher Klientel auszuweiten. Auf diese Weise dürften Ende 2007 rund 1000 Kinder von diesem Literalitätsansatz profitieren. (Einzelheiten zu allen angesprochenen Aspekten der Kita *Mosaik* z.B. Apeltauer 2004, Kuyumcu 2006, Kuyumcu/Kuyumcu 2004, Landeshauptstadt Kiel 2007.)

6.4 Meilensteine der Entwicklung der neuen Sprache in der Kita

Für eine angemessene Einschätzung der Sprachentwicklung in den Kitas ist es unerlässlich, dass die in Kapitel 5.2.1 besprochenen Spracherwerbstypen zur Grundlage gemacht werden. Erst dann versteht man, dass die Kinder je nach der für sie einschlägigen Situation den Gesetzmäßigkeiten des L1-, L2- oder L3-Erwerbs folgen. D. h. beispielsweise, dass für den L2- und/oder den L3-Erwerb mit Interferenzen gerechnet werden muss, zum L1-Erwerb jedoch nicht.

Bis zum Ende der Kita ist das Hörverständnis dem eigenen Sprechen voraus. Innerhalb von sechs Wochen kann der Tagesablauf in der Kita in der neuen Sprache bewältigt werden. Besonders schnell werden formelähnliche Ausdrücke gelernt, die häufig wiederkehrende ritualhafte Aktivitäten bezeichnen, etwa Grüßen oder sich Verabschieden. Die Kinder durchschauen zu diesem Zeitpunkt die interne Struktur dieser Wendungen noch nicht. Wie anhand von Tabelle 6 gezeigt, verknüpfen die Kinder aber Aspekte mit ihnen, die tatsächlich mit den Situationen, in denen diese Äußerungen fallen, zu tun haben.

Der passive Wortschatz ist beachtlich. Vokabeln, die häufig benutzte Gegenstände oder Aktivitäten bezeichnen, werden besonders schnell aufgenommen. Darüber hinaus sind Formeln und das frühe Vokabular die Grundlage, auf der sich die Aussprache herausbildet.

Im L2- und L3-Erwerb sprechen schon die Dreijährigen anfangs mit dem für ihren sprachlichen Hintergrund typischen Akzent, also die deutschen mit deutschem, die französischen mit französischem Akzent usw. Daran ändert sich auch bis zum Ende der Kitazeit wenig.

In der Produktion zeigen sich die ersten Spuren der neuen Sprache, indem einzelne Wörter oder kurze Wendungen aus ihr in die L1-Äußerungen übernommen werden, wie in Transkript 2 das Kind ohne Englischvorkenntnisse (Seite 30).

Der Satzbau der neuen Sprache entwickelt sich nur langsam. Er bleibt bis zum Ende der Kitazeit rudimentär. In Sprachen wie Englisch, Deutsch oder Französisch kann es mehr als zwei Jahre dauern, ehe die ersten Funktionswörter, z. B. Präpositionen oder andere grammatische Wörter auftauchen. Die Endungen von Verben und die Pluralbildung der Substantive entwickeln sich noch später.

Bei der Entwicklung der Aussprache heißt es Umdenken. Zwar wird von Laien und Forschern gleichermaßen noch immer behauptet, kleine Kinder würden die Aussprache einer L2 mühelos und schnell auf L1-Niveau erlernen und dabei anders als ältere Kinder oder Erwachsene vorgehen. Diese Auffassung ist von der Forschung nie detailliert belegt worden, und die Kitakinder entsprechen dieser Einschätzung gar nicht. Bereits in den ersten Berichten zu den Elsässer IM-Klassen hieß es, dass im Deutsch der Kinder die von französischen Sprechern bekannten Interferenzen auftraten (Petit/Rosenblatt 1994, Petit 1996). Die Untersuchungen aus Schleswig-Holstein bestätigen dies (z.B. Berger 1999, Tonn 1999, Wode 2009). Schon mit drei Jahren treten jene Interferenzen auf, die für ältere Lerner bekannt und für den L2-Erwerb so charakteristisch sind, gleichgültig ob diese Sprache innerhalb oder außerhalb schulischer Institutionen gelernt wird.

Dass die Kinder selbst nach drei Jahren in der Kita untereinander die neue Sprache kaum verwenden und dass daher die rezeptiven Fähigkeiten den produktiven voraus sind, hat einen einfachen Grund: In den Kitas besteht immer dann kein zwingender Anlass, die neue Sprache zu verwenden, wenn den Kindern frei gestellt wird, welche Sprache sie benutzen dürfen. In solchen Fällen bleiben sie bei ihrer L1, da sie wissen, dass alle Personen, bis auf die fremdsprachlichen, diese auch bestens verstehen.

6.5 Was sich für die Arbeit in immersiven Kitas bewährt hat

Aus den Gemeinsamkeiten und Unterschieden zwischen den beschriebenen immersiven Kitas und der Entwicklung der neuen Sprache, lassen sich eine Reihe von Faktoren ableiten, die entscheidend zum Erfolg oder Misserfolg der immersiven Kitas beitragen. Dabei ist in der Regel nicht ein einzelner Faktor, sondern das Zusammenwirken mehrerer entscheidend.

Verteilung der Sprachen: Eine-Sprache-pro-Person

Sehr bewährt hat es sich, eine Kindergruppe von zwei Kräften betreuen zu lassen. Dann können die Sprachen so aufgeteilt werden, dass eine Person mit den Kindern nur die ihnen vertraute Familiensprache A spricht und die andere nur die neue Sprache B. Beide Betreuer halten dies möglichst konsequent bei allem, was sie in der Kita tun, durch. Auf diese Weise können die Kinder gar nicht anders, als die neue Sprache wenigstens so weit zu lernen, dass sie sich mit beiden Betreuern verständigen können. Ein ganz wichtiger Punkt: Die Aufgaben und Funktionen müssen so verteilt werden, dass das, was den Kindern besonders viel Spaß macht oder von ihnen besonders begehrt wird, nicht nur auf die Person A konzentriert ist.

Gemischte Altersgruppen

Die Kinder in den einzelnen Kindergruppen müssen nicht notwendigerweise gleich alt sein. Die oben erwähnte deutsch-türkische Berliner Kita hatte gemischte Altersgruppen. In Rostock waren ursprünglich altershomogene Gruppen geplant, dies ließ sich jedoch nicht durchhalten. Die offene Konzeption in Altenholz sieht eine Altershomogenität gar nicht vor. Die Elsässer und die deutsch-dänischen Kitas sind in der Regel altershomogen.

Beide Alternativen sind vertretbar. Altersgemischte Gruppen haben den Vorteil, dass die jüngeren Kinder sich nicht nur in sprachlicher Hinsicht an den älteren orientieren können.

Zeitverteilung pro Sprache

In den in Kapitel 6.3 besprochenen Kitas sind die Zeitanteile für die jeweiligen Sprachen unterschiedlich. So werden die dänischen Kindergärten ausschließlich auf Dänisch geführt, im Elsass entfällt bei einer Option 50 % der Zeit auf Deutsch, bei der zweiten nur 25 % und für Kitas wie *Mosaik* in Kiel oder die deutsch-türkischen Berliner lassen sich die Zeitanteile nicht angeben, da sie letztlich von den Kindern dadurch selbst bestimmt werden, dass sie sich frei an einen deutsch- oder türkischsprachigen Betreuer wenden können. Gleiches gilt für die Rostocker *Rappelkiste* und die Altenholzer Kita.

Ein Vergleich zwischen Alternativen mit unterschiedlich hohen Zeitanteilen pro Sprache lässt sich für die Elsässer bilingualen Kitas und für die Berliner Kita vornehmen. Das Elsässer Beispiel zeigt, dass ein höherer Anteil für die neue bzw. schwächere Sprache zu günstigeren Ergebnissen führen kann. Jedoch wird an der Berliner Kita deutlich, dass diese Schlussfolgerung nur für bestimmte sprachliche Situationen in der Kindergruppe und im Umfeld der Institution gilt. Die türkischsprachigen Kinder lernten nämlich viel Deutsch, die deutschsprachigen aber vergleichsweise weniger Türkisch, obwohl Türkisch in der Kita nicht weniger als Deutsch, sondern eher mehr gesprochen wurde. Hier wirkt sich das Prestigegefälle zwischen Deutsch als in Deutschland dominierender Sprache und Türkisch als Minderheitensprache aus.

Intensität des Sprachkontaktes

Wie in Kapitel 5.4.1 bereits erläutert, werden Sprachen dann besonders erfolgreich gelernt, wenn der Kontakt zur neuen Sprache intensiv und strukturell vielfältig ist und wenn er lange genug andauert.

Wichtig ist, sich klar zu machen, dass die Intensität des Kontaktes nicht nur eine Frage der Jahre ist, die Kinder in der bilingualen Kita verbringen. Mitentscheidend ist, dass sie täglich in angemessenem Umfang Kontakt zur Zielsprache haben. 15 Minuten pro Tag, auch ein bis zwei Stunden bringen erfahrungsgemäß relativ wenig. Ob allerdings 100 % unbedingt erforderlich sind, lässt sich zurzeit nicht verlässlich entscheiden. Mit Sicherheit aber wird nichts falsch gemacht, wenn das Eintrittsalter für die bilinguale Kita möglichst niedrig ist, damit sie möglichst lange besucht werden kann, und wenn aufgrund der Erfahrungen aus Rostock und Altenholz der Zeitanteil für die neue bzw. schwächere Sprache möglichst deutlich über 50 % hinaus geht und am besten 100 % beträgt. Das allerdings erfordert eine konsequente Abstimmung im Hinblick auf das Prinzip Eine-Sprache-pro-Person.

Besonders in den Fällen, in denen die neue Sprache nur über eine Person eingeführt wird, ist es entscheidend, dass letztere genügend Zeit erhält, damit die Kinder auch genug Input bekommen. Wie konsequent ein bestimmter Schwellenwert von 50 %, 75 % oder 100 % eingehalten werden muss, lässt sich derzeit nicht verlässlich sagen. Bewährt hat sich auf jeden Fall eine Aufgabenteilung: Der Betreuer A als Repräsentant der L1 überlässt nach Möglichkeit die Interaktionen in der Gruppe dem Betreuer B, damit dieser möglichst jede Situation für die neue Sprache nutzen kann. Dies macht die Anwesenheit von A alles andere als überflüssig, nur ändert sich ihre Rolle gegenüber der herkömmlichen. A repräsentiert das Vertraute und sorgt dafür, dass die Kinder die neue Sprache nicht als Bruch zum bisher Gewohnten, sondern als einen Zusatz wahrnehmen. A achtet daher vor allem darauf, dass kein Kind durch die neue sprachliche Situation emotional verunsichert wird oder wegen der neuen Sprache Schwierigkeiten hat, die durch eine muttersprachliche Hinwendung behoben werden können.

Sprachverwendung: Kontextualisierung

Die Art, wie die neue Sprache verwendet wird, ist von ausschlaggebender Bedeutung, und zwar nicht nur für den Lernerfolg in sprachlicher Hinsicht. Hier geht es nicht darum, wie immersive Kitas im technischen Sinne strukturiert sein sollten, sondern wie die betreuenden Personen die neue Sprache verwenden. Der Grundgedanke dabei ist, dass dies möglichst kontextualisiert geschehen sollte. Das bedeutet, dass die Kinder die Vorgänge schon aufgrund der Situation verstehen sollen, sodass sie ihr situatives Verständnis nutzen können, um die Bedeutung der sprachlichen Ausdrucksmittel zu erschließen. Mehr noch als in einer in der L1 geführten Gruppe kommt es daher in einer immersiv geführten darauf an, dass die sprachlichen Handlungen auch auf nichtsprachliche Art unterstützt werden, z. B. visuell. Man begleitet das Gesagte durch Gesten, man zeigt auf das Benannte oder auf Bilder davon oder man spielt mit den Kindern ihnen vertraute Spiele in der neuen Sprache. Dabei ist es sehr förderlich, wenn die diversen, sich täglich wiederholenden Aktivitäten repetitiv und damit formelhaft mit den entsprechenden sprachlichen Wendungen begleitet werden.

Solche Situationen und Aktivitäten liefern den Kindern das, was sie zur Entschlüsselung der neuen Sprache brauchen. Wie schon in Kapitel 2 und 5 betont wurde, werden den Kindern dabei keine Fähigkeiten abverlangt, über die sie nicht ohnehin verfügen, denn die Aufgabe, die Bedeutung von noch unbekannten sprachlichen Ausdrucksmitteln aus dem Kontext zu erschließen, seien es neue Wörter oder noch nie gehörte Wendungen, müssen die Kinder tagtäglich auch für ihre L1 bewältigen. Darin sind sie wahre Meister. Landläufigen Meinungen zum Trotz ist der Erwerb der L1 selbst bei Zehnjährigen, geschweige denn bei Vorschülern oder Erstklässlern, alles andere als abgeschlossen.

Sprachliche Situation

Die sprachliche Situation innerhalb der Kindergruppen sowie im Umfeld der Institutionen kann recht unterschiedlich sein, ist aber, wie in Kapitel 5 gezeigt, von ausschlaggebender Bedeutung. Die Berliner Kita ist gemischtsprachig, beide Sprachen sind als L1 sowohl über die Betreuer als auch über einige Kinder verfügbar. In den dänischen Kindergärten Schleswig-Holsteins dürfte die Situation unter den Kindern ähnlich sein, wenngleich Dänisch anfangs in der Regel nicht ihre dominante Sprache ist. Die Betreuer aber bieten nur Dänisch an. Die Situation der Kinder im Elsass entspricht vermutlich der Situation in den dänischen

Kitas. Die Elsässer Kinder sind überwiegend französischsprachig, Deutsch bringen primär ihre Betreuer ein. In Altenholz sprechen alle Kinder in der Regel Deutsch, einige wenige zusätzlich andere Sprachen. Englisch liefern die Betreuer.

Auch außerhalb der Kita kann die sprachliche Situation unterschiedlich sein. In Fällen wie dem Elsass, den Berliner Kitas, dem Niederdeutschen in Ostfriesland und den dänischen Kindergärten besteht auch außerhalb der Kita Kontakt zur neuen Sprache. Derartige Situationen sind charakteristisch für mehrsprachige Regionen. Die Rostocker *Rappelkiste* und die Altenholzer Kita veranschaulichen hingegen jene Fälle, in denen eine Sprache gefördert wird, die in den betreffenden Regionen nicht gesprochen wird. In der Regel hat zusätzlicher Kontakt zur Zielsprache außerhalb der Einrichtung einen sehr förderlichen Einfluss.

Dominante Sprache

Wie Kapitel 5 gezeigt hat, kommt der sachgerechten Einschätzung der stärkeren Sprache bei mehrsprachigen Kindern bzw. bei Kindern, die die Majoritätensprache nicht altersgemäß oder gar nicht beherrschen, eine ganz besondere Bedeutung im Hinblick auf die spätere Schulfähigkeit zu. Von dieser Einschätzung hängt letztlich die Entscheidung ab, welche Sprache in der Kita zuerst gefördert wird. Leider liegen noch nicht genug Erfahrungen aus Deutschland vor, um allein hieraus mit Gewissheit sagen zu können, dass sich wegen der frühen Förderung der stärkeren Sprache später bessere Ergebnisse für Deutsch und die Schulfächer einstellen werden. Da jedoch die wissenschaftlichen Ergebnisse und die praktischen Erfahrungen mit IM in Deutschland bislang ganz denen entsprechen, die aus anderen Ländern berichtet werden, wird in diesem Buch davon ausgegangen, dass die anfängliche Förderung über die stärkere Sprache sich auch hierzulande so auswirkt wie anderswo.

Prestige und kultureller Hintergrund: Einstellung zu den involvierten Sprachen

Für jede Gemeinschaft ist die Sprache ein entscheidendes Merkmal ihrer kulturellen Identität. Etwas vereinfacht: Wer seine Sprache aufgibt, verliert seine kulturelle Identität. Das findet seinen Niederschlag beim Sprachenlernen. Minoritätensprecher haben oft Schwierigkeiten, die Sprache der Majorität zu lernen, wenn sie fürchten, mit ihrem Erwerb ihre eigene kulturelle Identität preiszugeben. Die Tendenz zu einem geringeren Lernniveau verstärkt sich in der Regel noch, wenn die zu lernende Sprache vor allem in der Einschätzung der Lerner ein geringes Prestige genießt.

Diese Zusammenhänge sind im einzelnen deshalb besonders schwer zu beurteilen, weil die beiden Faktoren in sich selbst enorm vielschichtig sind. Überdies ist die Forschungslage unübersichtlich. Bevorzugt untersucht worden, ist nicht das Kita-, sondern das Schulalter. Unklar ist vor allem, ab welchem Alter negative Auswirkungen zu befürchten sind.

Dass Sprecher tatsächlich eine ausgeprägte Einstellung zu ihren Sprachen haben, fällt in einsprachigen Regionen kaum auf. Doch schon dort, wo neben der Hochsprache noch ein Dialekt gesprochen wird, kann man es kaum übersehen. In bestimmten Situationen wird die eine Variante, in anderen die andere bevorzugt. Man denke z. B. an Hochdeutsch und Niederdeutsch in Norddeutschland. Hochdeutsch spricht man dort in der Schule, im Umgang mit Behörden und der Bank, in der Politik, in der Wirtschaft usw. Niederdeutsch – soweit man es denn beherrscht – erhält den Vorzug in der Familie, im Freundes- und Bekanntenkreis, wenn es z. B. um gemeinsame Erinnerungen oder um nachbarschaftliche Vertrautheiten geht.

Aus solchen Beobachtungen ergibt sich, dass Sprachen und ihre Sprecher ein bestimmtes Prestige genießen und dass sich dieses Prestige in den Einstellungen der Sprecher zu ihnen spiegelt. Beides, das Prestige und die Einstellungen ergeben sich aus der tatsächlichen Situation vor Ort und können selbst über kurze Entfernungen genau entgegengesetzt sein. So ist beispielsweise Dänisch in Dänemark, Polnisch in Polen oder Niederländisch in Holland die prestigeträchtige Staatssprache, in Deutschland aber eine Minderheitensprache mit entsprechend geringerem Ansehen. Ähnliches gilt für die Sprachen von Migranten, etwa Türkisch als Staatssprache in der Türkei gegenüber seinem eingeschränkteren Status in Deutschland oder das Deutsch deutscher Auswanderer in Nordamerika.

Das Beispiel der Berliner Kita sollte belegen, dass schon kleine Kinder ein ausgeprägtes Gespür für solche Prestige- und/oder Statusunterschiede zwischen den Sprachen ihrer Umgebung haben. Wie oben berichtet, lernten die türkischsprachigen Kinder mehr Deutsch als die deutschen Türkisch, und dass obwohl in Berlin-Kreuzberg und in der Kita beträchtlich mehr Türkisch als Deutsch zu hören war.

Beachtet man alle oben besprochenen Aspekte, ergibt sich, dass sich die sprachliche Situation in einer Kita, der kulturelle Hintergrund und das Prestige der zu lernenden Sprache und ihrer Kultur dann nicht negativ auswirken, wenn die Kindergruppe sprachlich homogen ist, wenn also alle Kinder dieselbe L1 wie in der Rostocker *Rappelkiste* und in Altenholz oder zumindest dieselbe dominante Sprache wie in den Dänischen Kitas oder im Elsass sprechen. In diesen Fällen wird weder die L1 als dominante Sprache der Kinder, noch ihre Kultur zu Hause durch die sich anbahnende Mehrsprachigkeit bedroht und die Kinder lernen eine neue Sprache, die in ihrem Umkreis geschätzt wird.

Für Kitas, die die Herkunftssprache einer schon lange im Lande heimischen Minderheit fördern, gilt Ähnliches. So ist in den ostfriesischen Kitas Deutsch die dominante Sprache der Kinder. Sie wird durch Niederdeutsch nicht bedroht, die kognitive Entwicklung der Kinder läuft altersgemäß über Deutsch weiter, und Niederdeutsch hat in den Familien der Kinder einen hohen Stellenwert. Unklar ist zurzeit, bis zu welchem Alter die Kinder das auch so empfinden und welchen Einfluss eine eventuelle spätere Änderung ihrer Einstellung zum Niederdeutschen haben könnte. Ähnlich sind die dänischen Kitas einzuschätzen. Deutsch, in der Regel die stärkere Sprache der Kinder, wird nicht bedroht, die Kindergruppen sind sprachlich homogen und Dänisch als National- und Schulsprache im benachbarten Dänemark ist alles andere als eine Minoritätensprache mit niedrigem Ansehen.

Minoritätenkinder trifft das härteste Los, wenn ihre Kenntnis der Sprache des Gastlandes, z. B. Deutsch, nicht altersgemäß entwickelt ist und die Herkunftssprache außer in der Familie und im Umgang mit Altersgenossen gleicher Herkunft nicht verwendet werden kann. Zwangsläufig schreitet dann auch die kognitive Entwicklung nicht altersgemäß voran. Welcher Sprache ein solches Kind sich auch zuwendet, das Ansehen des Deutschen ist nicht bei allen Familienmitgliedern gleich hoch, weil es als Bedrohung der Herkunftssprache betrachtet werden kann. Andererseits empfinden die Kinder aber eine strenge Einordnung in die Herkunftskultur und -sprache oft als Behinderung im Umgang mit der Kultur und den Verhaltensweisen ihrer deutschsprachigen Altersgenossen. Außerdem deckt sich die Kultur einer allochthonen Minderheit oft schon nach kurzer Zeit nicht mehr mit der des Herkunftslandes, sodass sich auch im Kontakt zu Verwandten und Bekannten im Herkunftsland potentielle Konfliktherde auftun. Kein Wunder daher, dass es in der Berliner Kita zu so unterschiedlichen Ergebnissen bei den Kindern kam, und dass insgesamt mehr Deutsch als Türkisch gelernt wurde, obwohl rein zeitlich gesehen mehr Kontakt zu Türkisch als zu Deutsch bestand.

Kitas für Migrantenkinder müssen daher besonders sorgsam im Hinblick auf die sprachlichen, kognitiven und kulturellen Umstände geplant werden, wenn es sich um Deutsch und die Herkunftssprache handelt. Allerdings lässt das Beispiel der Gaardener Kita *Mosaik* hoffen, dass eine Lösung gefunden werden kann, bei der die schwächere Sprache nicht auf der Strecke bleiben muss.

※ ※ ※

Insgesamt sollte man stets im Auge behalten, dass man in der Forschung noch am Anfang davon steht, das Potenzial, das Kitas für Bildung bieten, genauer auszuloten. Das gilt in besonderem Maße für die Sprachförderung und ihre Auswirkungen auf andere Bereiche. Beispielsweise sind, wie in Kapitel 4 berichtet, in der kanadischen Forschung schon sehr früh die positiven Auswirkungen auf die Entwicklung der Inhalte der immersiv unterrichteten Fächer und der L1 erkannt und dokumentiert worden. Die Untersuchung zur Entwicklung der Leseverständnisfähigkeiten als einer noch sehr jungen Forschungsrichtung lässt erahnen, dass das tatsächliche Potenzial von IM im Hinblick auf ihre förderlichen Auswirkungen auf andere Bereiche noch längst nicht vollständig ausgelotet ist.

Diese Beobachtungen betreffen die Zeit in der Schule. Ähnliches scheint auch für die Kitazeit zu gelten. Darauf deuten erste Beobachtungen eines Kindes aus einer besonders schwierigen Familiensituation in der Rostocker *Rappelkiste* hin. Es war körperlich kräftig, auffällig-agressiv, wenig kommunikativ und sprachlich in seiner L1-Entwicklung des Deutschen zurück. Sein Französisch entwickelte sich nicht anders als bei den anderen Kindern der Gruppe. Nach etwa einem halben Jahr IM fielen den Betreuern positive Veränderungen auf: ein Rückgang der Agressivität, eine stärkere Integration in die Gruppe und – besonders erstaunlich – das Kind holte im Deutschen auf. Vermutlich hatte es erstmals in seinem Leben die Chance gehabt, etwas Neues unter den gleichen Startbedingungen wie die anderen Kinder zu erkunden und zu meistern und dabei entdeckt, dass es mithalten konnte.

Dies sind für Deutschland derzeit noch Einzelbeobachtungen ohne wissenschaftliche Absicherung und daher für eine Verallgemeinerung – noch – ungeeignet. Aus Kanada gibt es jedoch Berichte über sogenannte *learning impaired children.* Es handelt sich um auch in kognitiver Hinsicht unauffällige Kinder, die sich aus unbekannten Gründen im herkömmlichen lehrerzentrierten Unterricht schwer tun und in der Regel nicht den Leistungsstand erreichen, der ihrem intellektuellen Potenzial entspräche. Wer in solchen Fällen aus Angst vor einer Überforderung davon abraten würde, die Kinder am IM-Unterricht teilnehmen zu lassen, liegt falsch. In einer größeren Untersuchung konnte Bruck (1978, 1982) nachweisen, dass gerade diese Kinder mit ausgesprochenen Lernschwierigkeiten im französischen IM-Unterricht überproportional besser abschnitten als im auf Englisch, ihrer L1, durchgeführten herkömmlichen Regelunterricht. Das betraf sowohl das Französisch, als auch die Inhalte der immersiv unterrichteten Fächer. Offenbar eröffnet die Tatsache, dass die Kinder bei IM selbst entscheiden, wie sie sich die Inhalte aneignen, einen Freiraum, der es den Kindern ermöglicht, ihre begrenzteren Lernfähigkeiten optimaler zu aktivieren, sodass gleichgültig worin die Behinderung letztlich liegt, diese Fähigkeiten dennoch zum Erfolg führen.

Bei vielen der in Kapitel 6.5 aufgeführten konstitutiven Faktoren und Maßnahmen drängt sich die Frage auf, wie strikt sie eingehalten werden müssen. Etwa: Darf der Betreuer, der die neue Sprache vertritt, wirklich nicht wenigstens ab und zu auf die L1, also die stärkere Sprache der Kinder ausweichen? Muss dieser Betreuer wirklich ein Muttersprachensprecher sein oder tut es nicht auch ein L2-Sprecher mit guten Sprachkenntnissen? Wie genau müssen die Zeitvorgaben für die einzelnen Sprachen eingehalten werden? Zu diesen Fragen würde man gern auf diesbezügliche Forschungsergebnisse verweisen. Sie gibt es aber nicht. Deshalb sind die Ausführungen in den Kapiteln 6.3 und 6.5 als grundlegend in dem Sinne gedacht, dass wenn man sie wie angegeben einhält, man sich im sicheren Bereich bewegt. Welchen Spielraum man tatsächlich hat, muss sich in der weiteren Arbeit herausstellen.

7 Immersion in der Grundschule

In den bisherigen Kapiteln ging es thematisch vor allem um die Kinder, ihre Art zu lernen, das von ihnen erreichbare Niveau und Strukturierungsmöglichkeiten für Krippe, Kita und Grundschule. In diesem Kapitel steht die Zeit in der Grundschule und die Perspektive der Eltern im Vordergrund. Dabei geht es nicht darum, das Geschehen in der Klasse detailliert zu schildern, es werden lediglich die Punkte besprochen, über die Außenstehende Bescheid wissen müssen, damit sie mitreden können:

- Auf welche Art von Unterricht müssen sie sich einstellen?
- Wie funktioniert IM in der Grundschule?
- Wie weit kann IM auf örtliche Besonderheiten zugeschnitten werden?
- Was wird aus dem Lehrplan, den zu erfüllen den Schulen ja gesetzlich vorgeschrieben ist?
- Wie sollte der Übergang in den Sekundarbereich erfolgen, damit die Kinder ihr Englisch weiterentwickeln und im Sinne der 3-Sprachenformel eine dritte Sprache intensiv in Angriff nehmen können?
- Und vor allem: Was können Eltern zum Erfolg ihrer Kinder beitragen und was sollten sie unterlassen?

7.1 IM-Modelle: Adaptionsmöglichkeiten

Ein Blick über die deutschen Grenzen hinaus zeigt schnell, dass IM ein äußerst flexibles Verfahren ist, das sich auf vielfältige Weise in bestehende Bildungssysteme integrieren lässt. Die gängigsten Varianten sind:
- Frühe, mittlere, späte IM: Man variiert den Zeitpunkt des Beginns.
- Völlige im Gegensatz zur partiellen IM: Man variiert die Anzahl der einbezogenen Fächer.
- IM zur Intensivierung anderer Arten von Fremdsprachenunterricht: Man unterrichtet z.B. zusätzlich ein oder zwei Fächer immersiv in der betreffenden Fremdsprache.

Solange die zentralen Bedingungsfaktoren für erfolgreiche IM (Kapitel 5) hinreichend bedacht sind, erfüllen die obigen Varianten ihren Zweck und bieten daher auch für Deutschland brauchbare Lösungen. Dabei gehört das Altenholzer IM-Modell im internationalen Vergleich zu den besonders leistungsfähigen. Nicht zuletzt deshalb, weil es schon bei den Dreijährigen, und damit bereits recht früh ansetzt. Wie in Kapitel 4 beschrieben, beginnt beispielsweise die frühe IM in Kanada erst bei den Fünfjährigen.

IM als Ergänzung und zur Intensivierung gibt es in Deutschland schon seit Ende der 1960er Jahre für Gymnasien und Realschulen. Dieses Modell hat sich sehr bewährt (z. B. Wode 1998a, b; Wode et al. 1996; Burmeister/Daniel 2002) und empfiehlt sich im Sinne der Zielsetzung der 3-Sprachenformel zur Vermittlung der dritten Sprache.

7.2 Gleitender Übergang von der Kita in die Grundschule

Natürlich bleibt auch für die Kinder aus einer immersiven Kita der Übergang in die Grundschule ein drastischer Einschnitt, allerdings nicht wegen des Englischen, sondern weil sie sich in einem neuen Umfeld zurecht finden müssen. Darauf wird auch im IM-Unterricht Rücksicht genommen.

Aus der Kita sind es die Kinder gewohnt, dass sie nicht unbedingt Englisch sprechen müssen. Der Grundschulunterricht lebt aber sehr von – mündlicher – Interaktion. Als Übergang wird daher anfangs auch Deutsch toleriert. Die Lehrkraft achtet aber darauf, dass nach und nach Englisch auch in der Produktion zu seinem Recht kommt. Am Ende des 1. Schuljahres sollen die Kinder nur noch dann Deutsch verwenden, wenn sie das, was sie sagen wollen, noch nicht auf Englisch sagen können. Dieser Wechsel ist in der Regel kein Problem.

7.3 Alphabetisierung und englische Orthographie: Überzogene Ängste

In der Grundschule ist das vorrangige Ziel des IM-Unterrichts die Förderung der mündlichen Kompetenz. Da aber laut Lehrplan die Alphabetisierung in der 1. Klasse erfolgt und im Altenholzer Modell das Fach Deutsch auf Deutsch unterrichtet wird, erfolgt die Erstalphabetisierung auf Deutsch. Die Kinder lernen folglich lesen und schreiben auf der Grundlage der deutschen Orthographie.

Für den ersten Jahrgang hatte man sich große Sorgen gemacht, wie ein „Durcheinander" von deutscher und englischer Orthographie verhindert werden könnte. Um sicher zu gehen, hatte man daher verabredet, die englische Orthographie bis zum Ende der 2. Klasse zurückzuhalten, was seinerseits andere Probleme heraufbeschwor. Zum Glück machten die Kinder diese Sorgen gegenstandslos. Sie ließen sich nicht daran hindern, ihr Englisch eigenständig zu verschriften, allerdings nach der deutschen Orthographie. Dabei orientierten sie sich interessanterweise an ihrer eigenen Aussprache, sodass sich ein getreues Spiegelbild ihrer deutschen Interferenzen ergab. Beispielsweise findet sich für <th> wie in *this, that, then, the* sehr häufig <d> oder <t>, für <oo> in *goose* <u>, für <ou> in *house* oder *out* <au> usw. Fehler dieser Art verlieren sich mit der Zeit, deshalb hält man inzwischen in Altenholz die englische Orthographie nicht mehr konsequent zurück, sondern schreibt z. B. auch englische Stichwörter an die Tafel und dekoriert den Klassenraum mit englischen Blickfängern. Derzeit wird überlegt, ob und wie die Alphabetisierung für Englisch stärker zum Ziel für die Grundschul-IM gemacht werden kann, ohne die mündliche Entwicklung zu beeinträchtigen. Nach den bisherigen Erfahrungen, dürften die Kinder keine gravierenden Probleme damit haben.

7.4 Was geschieht im Unterricht?

Die Lehrkraft muss anfangs viel reden

Bekanntlich soll sich die Lehrkraft im normalen, also im L1-sprachig durchgeführten Unterricht in ihren Redeanteilen zurückhalten, damit die Kinder selbst möglichst viel beisteuern können. Zwar gilt dieses Ziel längerfristig auch für IM, nur noch nicht am Anfang. Zum einen sind die Kinder dazu anfangs auf Englisch nicht in der Lage. Zum anderen kann sich ihr Englisch nur weiterentwickeln, wenn sie viel und strukturell reichhaltigen Input erhalten. Den kann nur die Lehrkraft liefern. Folglich muss letztere im ersten Schuljahr viel reden und darf sich erst später zurücknehmen.

Kontextualisierung: Altersgemäß fortführen

Für den Unterricht in der Grundschule ist die bereits in Kapitel 6 beschriebene Kontextualisierung unerlässlich. Allerdings muss sie dem Alter der Kinder angepasst werden. Es kommen neue Themen hinzu und das Alltags- und Weltwissen der Kinder hat sich gegenüber der

Kitazeit enorm ausgeweitet, sodass sie über eine reichhaltigere Palette an Anhaltspunkten verfügen, die sie nutzen können, um sich die neuen sprachlichen Ausdrucksmittel zu erschließen. Wie in Kapitel 6 bereits für die Erzieher betont wurde, verlangt die Kontextualisierung auch von den Grundschullehrkräften im Prinzip nichts, was sie nicht ohnehin für ihren Unterricht bräuchten. Nur muss die Kontextualisierung bei IM noch intensiver und zielgenauer als im L1-sprachigen Unterricht erfolgen. Damit erfüllt die Kontextualisisierung eine Stützfunktion ganz im Sinne der angelsächsischen Idee des *scaffolding*, das auch in Europa rezipiert zu werden beginnt (Burmeister 2006). Eine den Kindern vertraute bzw. durchschaubare Situation, dient als Plattform für die Entfaltung ihrer Lernprozesse.

Lehrplan: Keine Abstriche

Es ist nicht nur in Deutschland eine Bedingung *sine qua non*, dass der Lehrplan im Hinblick auf die Inhalte der Fächer voll erfüllt wird. Hier darf es keine Abstriche geben, und das schließt die Entwicklung der L1 natürlich mit ein. Dass das auch tatsächlich für das Leseverständnis im Deutschen gelingt, ist bereits in Kapitel 4 besprochen worden. Zu den übrigen Fächern haben sich in Altenholz im Einklang mit den Berichten aus anderen Ländern bislang keine Hinweise auf eine längerfristige Beeinträchtigung ergeben. Erinnert sei an die in Kapitel 4 referierten Ergebnisse zu Mathematik und zu den anderen Fächern. In diesem Zusammenhang sollte für die Eltern nicht so sehr die Tatsache im Mittelpunkt stehen, dass die IM-Kinder in der Regel in den immersiv unterrichteten Fächern inhaltlich etwas besser als die ausschließlich in ihrer L1 unterrichteten Kinder abschneiden. Viel wichtiger ist, dass sie sicher sein können, dass die IM-Kinder nicht zurückbleiben. Schon ihre überragende L2-Kompetenz dürfte am Ende Lohn genug sein.

Im Einklang mit den internationalen Forschungsergebnissen sollte man in der 1. Klasse allerdings etwas Geduld mit den IM-Kindern haben. Anfangs können sich die Inhalte, wie in Kapitel 4 bereits angedeutet, etwas langsamer entwickeln, sodass leichte Rückstände entstehen. Sie verschwinden bis zur 2. Klasse jedoch von selbst. Die Lehrkräfte empfinden diese Rückstände in der Regel als eine heilsame Herausforderung, die Inhalte noch stärker auf das Wesentliche zu konzentrieren.

Benotung: Es geht besser ohne

Der Grundgedanke von IM ist, dass den Kindern die Möglichkeit gegeben wird, ihre natürlichen Lernfähigkeiten einzusetzen. Wie in Kapitel 5 gezeigt, zeichnet sich der Erwerbsprozess dadurch aus, dass – entwicklungsbedingt und damit unvermeidbar – Fehler gemacht werden, genauer müsste man sogar sagen, dass sie gemacht werden müssen.

Nun gehört es zum Selbstverständnis der Schule, dass die Kinder Noten erhalten, und zwar als Ausdruck ihres Leistungsstandes im jeweiligen Altersbereich. Die Bemessungsgrundlage ist, ob die Kinder das, was sie laut Lehrplan können sollten, korrekt beherrschen. D. h. alles, was nicht der zielsprachigen Norm entspricht, gilt als falsch und verschlechtert die Note. Das betrifft sowohl die Zeugnisnoten als auch die Bewertung jener Leistungen, die als Grundlage für die Zeugnisnoten dienen. Nicht nur im IM-Unterricht ist ein solches Benotungsverfahren im Zusammenhang mit Sprachen ein Problem. Solange Englisch als Fach in der Grundschule nicht vorgesehen und somit keine Noten erforderlich waren, ließ sich das Problem noch umgehen. Sobald Englisch aber ein reguläres Fach im Sinne des Lehrplans ist, ergibt sich ein Dilemma, für das es noch keine allseits akzeptable Lösung gibt.

Üblicherweise werden die Schülerleistungen nach den Kategorien falsch oder richtig bewertet. Zwar kann etwas abgestuft werden, indem nach leichteren gegenüber schwereren Fehlern differenziert wird. Nicht vorgesehen aber ist, dass Fehler nicht als fehlerhaft gewertet werden. Nach falsch oder richtig zu werten, mag für Bereiche wie Mathematik, geschichtliches oder naturkundliches Wissen sinnvoll sein, für den Erwerb und die Entwicklung von Sprachen ist es das aber auf keinen Fall, wie vor allem das Beispiel des Erwerbs der Negation in Kapitel 5.2.2 zeigen sollte. Wenn die Sprachentwicklung über mehrere Entwicklungsstadien verläuft, die durch die Abfolge unterschiedlicher und aufeinander aufbauender Fehlertypen charakterisiert sind, folgt ein Lerner gewissermaßen einem natürlich vorgegebenen Verfahren. Eine Bewertung als falsch oder richtig ist also solange sachlich unangemessen, solange der Endpunkt der Entwicklung noch nicht erreicht ist.

Zur Erläuterung sind in Tabelle 7 einige Fehlertypen aus Tabelle 4 und Wode 1981 zusammengestellt, und zwar in der Abfolge, wie sie im Verlauf des L2-Erwerbs des Englischen auftreten.

Tabelle 7: Fehlertypen zum L2-Erwerb der englischen Negation in chronologischer Abfolge

Fehlertyp	Beispiel
(a) vorangestelltes *no*	no catch it
(b) präverbales *no*	me no close the window
(c) prä-auxiliares *do*	I didn't can close it

Fehler wie in Tabelle 7 können in allen Formen des Fremdsprachenunterrichts vorkommen, also auch bei IM. Das herkömmliche Benotungsschema nach falsch/richtig erlaubt aber nur, alle drei Fehlertypen als falsch zu markieren. Völlig unberücksichtigt bleibt, dass Fehler vom Typ (c) viel dichter am Ziel sind als die Typen (a–b). Fehler vom Typ (c) zeigen, dass der Sprecher nur noch einen Schritt von der zielgerechten Beherrschung entfernt ist, nämlich dass nur Vollverben mit *do* negiert werden, Hilfsverben nicht. Die Fehlertypen (a–b) sind typische Anfängerfehler. Wer Fehler nach dem Muster (c) macht, steht kurz vor dem Ziel. Entsprechend finden sich solche Fehler gehäuft in den Froschgeschichten der IM-Kinder der dritten und vierten Klassenstufe (Heye 2007, Rasch 2008). Die drei Fehlertypen einheitlich als in gleichem Maße falsch zu benoten, widerspricht daher grundlegenden pädagogischen Prinzipien, nach denen Lernfortschritte anzuerkennen sind.

Da von den Lehrkräften nicht erwartet werden kann, dass sie sich über Nacht mit den Einzelheiten von L2-Entwicklungssequenzen vertraut machen können, empfiehlt es sich bis auf Weiteres, auf die herkömmliche Benotung für die L2 ganz zu verzichten und sie durch eine kurze textliche Charakterisierung zu ersetzen. In dieser wird beschrieben, ob und wie weit sich das einzelne Kind sprachlich im Rahmen dessen bewegt, was von Kindern im jeweiligen Alter bei der Art von Unterricht, den sie genossen haben, erwartet werden kann.

Man kann sich leicht ausmalen, welche Gegenargumente kommen werden, beispielsweise: Wie will man eine Leistung anders als durch Noten bewerten? Wenn die Fremdsprachen in der Grundschule nun endlich zu einem Fach geworden sind, müssen da nicht Noten her, sonst sind die Sprachen doch keine richtigen Fächer? Wie soll denn ein Kind erkennen, dass es etwas gelernt hat? Wozu hat man denn für die Grundsschule Standards festgelegt?

All diese Argumente haben jedoch ihren Bezugs- und Ausgangspunkt im derzeit praktizierten System und begründen sich damit zirkulär aus sich selbst heraus. Sie lassen völlig außer Acht, was die Spracherwerbsforschung, insbesondere die Forschung zum L2-Erwerb, in den letzten 40 Jahren an Ergebnissen darüber, wie unser Gedächtnis beim Spracherwerb arbeitet, erbracht hat. Diese Unterlassung dürfte weder von Eltern, noch von Lehrkräften, noch von den politisch für Bildung Verantwortlichen toleriert werden.

7.5 Übergang in den Sekundarbereich

Am Ende der vierten Klasse erreichen die IM-Kinder ein solch hohes Niveau, dass sich normaler lehrgangsorientierter Unterricht im anschließenden Sekundarbereich von selbst verbietet. Im Sinne der aktuellen europäischen Herausforderung empfiehlt sich gemäß der 3-Sprachenformel für Englisch stattdessen Folgendes: Mit Beginn der Sekundarstufe I werden von den im Lehrplan für die ab der fünften Klasse beginnende erste Fremdsprache vorgesehenen Stunden lediglich ein oder zwei für Englisch als eigenes Fach eingesetzt, damit vor allem die Schriftlichkeit altersgemäß entwickelt werden kann. Ansonsten wird Englisch durch IM in zwei oder drei Fächern weiter gefördert. Die so eingesparte Zeit steht dann für die Vermittlung der zweiten Fremdsprache zur Verfügung. Auf diese Weise werden die eingangs genannten unabdingbaren Voraussetzungen dafür geschaffen, dass auch die zweite Fremdsprache intensiv und lange genug gepflegt werden kann, damit bis zum Ende der Schulzeit das funktional erforderliche Niveau erreicht wird. Dafür empfiehlt es sich, auf den überaus ertragreichen bilingualen Unterricht zurückzugreifen, wie er seit den 1970er Jahren in Deutschland und einigen anderen europäischen Ländern entwickelt wurde. (Einzelheiten zum bilingualen Unterricht im Sekundarbereich Wode 1994, 1995, 1998a, b; Wode et al. 1996; Burmeister/Daniel 2002).

Bedauerlicherweise ist es in Altenholz bislang nicht gelungen, die Fortführung des Modells in den Sekundarbereich so zu organisieren, wie es ursprünglich angedacht war und eben skizziert wurde. Das Gymnasium, auf das die Altenholzer Kinder üblicherweise gehen, hat bislang andere Prioritäten gesetzt. Leider kommt man nicht umhin, festzustellen, dass wer das hinnimmt, dazu beiträgt, dass die Kinder um entscheidende Zukunftschancen gebracht werden, weil ihr Englisch sich eben nicht so zügig weiterentwickeln kann, wie es in der Grundschule der Fall war.

7.6 Erzieher und Lehrkräfte: L1- oder L2-Sprecher?

Die bisherigen Erfahrungen aus der Praxis zeigen, dass die naheliegende Lösung, nur L1-sprachige Kräfte einzusetzen, nicht in jedem Fall die zweckmäßigste ist. Zwar wird auf diese Weise sichergestellt, dass die erforderlichen Sprachkenntnisse vorhanden sind. Zwei Dinge aber gilt es, zusätzlich zu bedenken: Zum einen müssen sich die Erzieher und die Lehrkräfte in den Schulen bewusst sein, dass ihre Schutzbefohlenen L2-Lerner sind. Sie können daher sprachlich nicht wie L1-Kinder gleichen Alters behandelt werden. Man muss um die Anpassungen wissen, die je nach Entwicklungsstand der Kinder erforderlich sind, wie es in den vorangegangenen Kapiteln 2, 5 und 6 beschrieben wurde.

Zum anderen soll die Verwendung der neuen Sprache in allen Situationen möglichst authentisch sein. Das bedeutet, dass auch die kulturspezifischen Besonderheiten berücksichtigt werden. Das ist besonders problematisch für Dinge, die man bereits als kleines Kind gelernt hat und die in keinem Fremdsprachenunterricht oder in der Ausbildung vermittelt werden. Wie beispielsweise tröstet man ein drei- oder vierjähriges Kind, das sich gestoßen hat, auf Englisch? Oder: Wie wählen Kinder eine Fußballmannschaft auf dem Spielplatz? Wer in Deutschland aufgewachsen ist, weiß, dass zu Beginn ausgezählt wird, wer zuerst wählen darf, und zwar indem beispielsweise ein Fuß vor den anderen gesetzt wird und man dabei *Piß Pott Piß Pott ...* zu sagen hat. Wie aber verfährt man im Englischen oder Französischen? Das lernt man in der Regel nur, wenn man in dem betreffenden Land aufgewachsen ist.

Für die Kitazeit hat sich bewährt, L1-sprachige Kräfte einzusetzen, sie auf die sprachliche Problematik des L2-Erwerbs einzustimmen und sie besonders in der Anfangszeit intensiv zu beraten. Für die Schule hingegen haben L2-sprachige Lehrkräfte Vorteile, wenn sie die L2 sehr gut beherrschen, und wenn sie, wie es heute üblich ist, ein bis zwei Jahre im Ausland studiert haben. Sie kennen das deutsche Schulsystem und sind von ihrer Ausbildung her nicht nur auf ein Fach festgelegt, wie es in sehr vielen anderen Ländern der Fall ist. Letztlich haben die kulturspezifischen Aspekte, die ja für die Kitazeit so wichtig sind, schon in der Grundschule nicht mehr das gleiche Gewicht wie zuvor. Der Idealfall wären natürlich L1-Sprecher mit einer deutschen Lehrerausbildung.

7.7 … und die Eltern?

Ein Grundgedanke, wie die Ziele der 3-Sprachenformel erreicht werden können, ist, dass die drei Institutionen Familie, Kita und Schule abgestimmt zusammenwirken. Nur wenn alle drei ihre Aufgaben erfüllen, stellt sich der erhoffte Ertrag ein. Die Aufgabe der Familie ist es, sicherzustellen, dass sich die Familiensprache L1-altersgemäß entwickeln kann. Kita und Grundschule sorgen für die L2 und die weiterführenden Schulen für die dritte Sprache. In diesem Abschnitt geht es schwerpunktmäßig um den Beitrag der Familie, insbesondere der Eltern. Was können sie tun, was sollten sie tun, und was sollten sie nicht tun?

Das Folgende sollte nicht als Bevormundung missverstanden werden. Jeder beurteilt die Welt nach seinen eigenen Erfahrungen. Wer IM noch nicht gesehen oder selbst erlebt hat und auch nicht über das erforderliche Wissen um die spracherwerblichen Grundlagen verfügt, kann sich nur an dem orientieren, was er selbst in der Schule erlebt hat. Sind die selbst erlebten Methoden inzwischen veraltet, können die daraus erwachsenen Ratschläge, Verhaltensweisen und Entscheidungen der Eltern im schlimmsten Fall kontraproduktiv sein. Darüber hinaus zeigt die Erfahrung leider, dass man die Kinder gar nicht so selten vor dem – gut gemeinten – Übereifer ihrer Eltern schützen muss.

Insgesamt müssen sich die erforderlichen Maßnahmen natürlich nach der jeweiligen sprachlichen Situation in der Familie richten, in ihrer Intention gelten sie jedoch für alle Situationen.

7.7.1 Zentrale Aufgabe der Familie: Förderung der L1

Im Sinne der in diesem Buch geschilderten IM-Konzeption zur 3-Sprachenformel besteht die primäre Aufgabe der Eltern darin, sicherzustellen, dass sich die L1 altersgemäß entwickeln kann. Das gilt sowohl für die Zeit in der Kita, in der Grundschule als auch danach. Hierfür sind keine besonderen Vorkehrungen erforderlich, solange man das tut, was in Kapitel 5.2 und 5.3 bereits aufgezeigt wurde und die Kinder nicht sich selbst, dem Fernseher oder Computer überlässt, sondern sie in die sprachlichen Interaktionen im Familienkreis einbezieht. Allerdings sollten die Eltern sich auf keinen Fall als Ersatz für die Schule oder als Nachhilfeinstanz verstehen. Und schon gar nicht sollten die Schulinhalte vorweg genommen werden, es sei denn, das Kind möchte es gern. In gleicher Weise sollte man nicht versuchen, die neue Sprache dadurch zu fördern, dass sie zu Übungszwecken zu Hause gesprochen wird.

Keine Situation ausblenden: Die ganze L1

Gleichgültig ob eine Familie ein- oder mehrsprachig ist, eine Sprache verarmt unweigerlich, wenn sie nur in ausgewählten Situationen gesprochen wird. Als einprägsames Beispiel sei an die in Kapitel 5 und 6 besprochenen sprachlichen Lücken in den Herkunftssprachen der Kinder mit Migrationshintergrund und die daraus resultierenden negativen Folgen für ihre Beschulbarkeit erinnert. Da einem reduzierte Sprachkenntnisse auch wenig nutzen, besteht die Gefahr, dass sie im Laufe der Zeit ganz aufgegeben wird.

Auch zur Schriftkultur hinführen

Funktional voll einsetzbar ist eine Sprache in unserer industriell geprägten Welt erst, wenn sie mündlich und schriftlich beherrscht wird und auch über den Umgang in alltäglichen Situationen in der Familie, bei religiösen Anlässen, sonstigen Festen oder im elementaren Umgang mit Behörden hinaus verwendet wird. Außerdem sollten jene Themen eingeschlossen werden, über die im Alltag oder in der Familie kaum intensiv gesprochen wird bzw. gesprochen werden kann, wie etwa die Inhalte der Schulfächer, neue wissenschaftliche Erkenntnisse, neue Technologien und ihre Nutzung in unserer Alltagswelt.

Erzählen und erzählen lassen

In Kapitel 5 wurde bereits erwähnt, dass sich Kinder die Sprache(n) ihrer Umgebung nur dann altersgemäß erschließen können, wenn sie angemessen in sprachliche Interaktionen eingebunden werden. Diese Interaktionen dürfen sich nicht auf das Erteilen von Anweisungen beschränken, die die Kleinen zu befolgen haben oder ihnen auferlegen, den Mund zu halten. Im Gegenteil, sie müssen auch und gerade sprachlich aktiv eingebunden werden. Je größer die Vielfalt der Themen desto besser. Die Kinder sollen während der Kita- und Schulzeit selbst erzählen und argumentieren, sie sollten über ihre eigenen Tageserlebnisse berichten und erfahren, was andere Familienmitglieder erlebt haben. Man sollte mit ihnen ihre Sorgen, Ängste und Wünsche besprechen, ihnen vorlesen, Gute-Nacht-Geschichten erzählen usw. Die Kinder werden schon dafür sorgen, dass die Themen und die Art der Interaktionen sich altersgemäß weiterentwickeln.

Das alles ist nicht neu und für die meisten Familien selbstverständlich. Was man sich in Deutschland in der Vergangenheit nicht so einprägsam hat klar machen können, ist, welch entscheidender Beitrag schon früh gerade in der Familie dafür erbracht wird, dass die Kinder in einem Schulsystem wie dem deutschen überhaupt erfolgreich beschult werden können. Geschichten vorlesen, Bilderbücher anschauen und altersgemäß besprechen sind die ersten und besonders nachhaltigen Schritte auf dem Wege zu einer positiven Einstellung zu Literalität. Ihre überragende Bedeutung für den späteren Schulerfolg ist bereits in Kapitel 5.4 besprochen worden.

Welch grundlegende Bedeutung die in der Familie vor der Einschulung intuitiv betriebene Pflege der L1-sprachlichen Entwicklung der Kinder auch auf ihren späteren Schulerfolg hat, erkennt man zum einen an den deutschsprachigen Kindern aus bildungsfernen Familien. Zum anderen aber noch viel drastischer an den vielen Kindern mit Migrationshintergrund und einer Familien- bzw. Herkunftskultur, in der die Dinge, die wir hier für selbstverständlich halten, nicht bzw. nicht in hinreichendem Maße gepflegt werden. Das ist die eigentlich zentrale Botschaft der PISA-Berichte (Baumert et al. 2001) und die Antwort auf die Frage, wo der Hebel anzusetzen ist, damit die Dinge zum Besseren gewendet werden können.

Die eben besprochenen Maßnahmen gehören im Grunde schon seit vielen Generationen traditionell zu den Selbstverständlichkeiten der deutschen Familienkultur. Das sollte nicht in dem Sinne missverstanden werden, dass von den modernen Kommunikationsmöglichkeiten abgeraten wird. Im Gegenteil, nur muss man sie sinnvoll einsetzen. Dazu gehört, die Kinder nicht sich selbst, dem Fernseher und/oder dem Computer zu überlassen. Alles, was sie sehen, muss verarbeitet werden und zwar auch sprachlich.

Als ein geradezu ideales Instrument lässt sich in diesem Zusammenhang das Telefon nutzen. In Kapitel 6.5 wurde bereits die Rolle der Kontextualisierung für den L2-Erwerb geschildert. Der Grundgedanke war, dass die Kinder dadurch, dass sie die Situation durchschauen, in die Lage versetzt werden, sich auch die Struktur der neuen Sprache zu erschließen. In spracherwerblicher Sicht gelten die gleichen Zusammenhänge auch für den L1-Erwerb, wenngleich natürlich ein- bis zweijährige Kinder kognitiv noch längst nicht in der Lage sind, Situationen von der Komplexität und dem Abstraktionsgrad zu durchschauen, wie es dreijährige oder ältere Kinder können. In diesem Sinne beginnt die L1-Entwicklung von Kindern damit, dass sie sich in dem, was sie sagen, an dem Kontext orientieren, den sie in der jeweiligen Situation konkret vorfinden. Für die gesamte Sozialisation eines Kindes ist es daher ein enormer Entwicklungsschritt, wenn es dazu übergeht bzw. übergehen kann, sich vom Hier-und-Jetzt zu lösen und auch über Sachverhalte reden kann, die nicht im Moment des Sprechens präsent sind, z. B. Berichte darüber, was es früher erlebt hat, was es demnächst machen will oder wenn es flunkert und man genau merkt, dass das Kind weiß, dass es gerade etwas erfindet. Diese Loslösung von Raum und Zeit macht die menschliche Sprache zu einem so machtvollen Instrument und ist dafür entscheidend, dass ein Kind auch intellektuell ein voll funktionsfähiges Mitglied der Gesellschaft und ihrer Kultur werden kann. Wem es deshalb gelingt, vom Arbeitsplatz aus sein Kind dazu zu bringen, am Telefon über die Erlebnisse vom Tage zu berichten oder was die Familie morgen unternehmen sollte, führt auf ganz natürliche Weise genau solche Situationen herbei, die diese Entwicklung fördern.

7.7.2 Zum Umgang mit der neuen Sprache in der Familie

Natürlich freuen sich Eltern, wenn ihre Kinder erfolgreich eine neue Sprache lernen, und natürlich sollte man diese Freude nicht verbergen. Aber man sollte die sich anbahnende Mehrsprachigkeit als etwas ganz Normales nehmen und entsprechend mit der neuen Sprache umgehen. D. h. die Tatsache, dass ein Kind der Familie schon so früh gut Englisch lernt, sollte als normale Erweiterung und Bereicherung der Familienaktivitäten akzeptiert und respektiert werden. Vor allem sollte dafür gesorgt werden, dass die Pflege der neuen Sprache nicht dazu führt, dass die Familie ihr eigenes Anliegen, die altersgemäße Entwicklung der L1 sicherzustellen, nicht mehr erfüllen kann.

Es ist leichter gesagt als getan, mit der neuen Sprache natürlich umzugehen. Letztlich muss es sich für jede Familie von selbst ergeben, was als natürlich empfunden wird. In der Regel sind die Eltern gut beraten, den Kindern die Initiative zu überlassen und sich ihnen anzupassen. So kann es durchaus während der Kitazeit vorkommen, dass ein Kind zu Hause die Situation in der Kita mit einem jüngeren Geschwister, einem Elternteil oder den Großeltern nachspielen will. Aus der Rostocker *Rappelkiste* wird beispielsweise berichtet, dass ein in der Kita recht schweigsames Kind zu Hause den Großvater sich auf die Couch legen ließ, um ihm dann Französisch, die IM-Sprache der Kita, beizubringen.

In anderen Fällen springen die Kinder als Dolmetscher ein, z. B. wenn englischsprachige Sendungen im Fernsehen laufen. Von den Familien hört man immer wieder, dass diese Beiträge von den Kindern ganz spontan kommen, und nicht erst nach vorheriger Aufforderung. Man sollte solche freiwilligen Hilfsangebote nicht ablehnen, und auch dann nicht, wenn die eigenen Englischkenntnisse gering sind. Eltern, bei denen letzteres der Fall ist, sollten diese Tatsache nicht verbergen, sondern ehrlich bleiben und so für das Kind authentische Situationen schaffen, in denen es ganz natürlich ist, dass die Kinder helfen. Allerdings sollte man sich auch nicht verstellen und so tun, als könne man kein Englisch, wenn die Kinder genau wissen, dass das nicht der Fall ist.

Geradezu eine „Todsünde" wider IM ist es, wenn die Eltern als Nachhilfeinstanz fungieren und mit ihren Kindern üben wollen, womöglich noch nach den Methoden aus ihrem eigenen Fremdsprachenunterricht, z. B. Vokabeln abfragen, Aussprache üben, Sätze bilden oder Rechtschreibung trainieren. Das ist genau das Gegenteil davon, wie im IM-Unterricht vorgegangen wird und ist deshalb geradezu kontraproduktiv.

In diesem Zusammenhang ist auch wichtig, dass die Kinder, wenn sie nach Hause kommen, nicht mit Fragen nach Art von *was habt ihr heute in Englisch gelernt* überfallen werden. Die sprachlichen Lernziele sind bei IM nicht so vorgegeben, dass die Kinder darauf eine sinnvolle Antwort geben könnten.

Abzuraten ist auch davon, in der Familie die neue Sprache zu sprechen, um den Übungseffekt zu erhöhen. Dergleichen wirkt nur dann authentisch, wenn eines der Elternteile mehrsprachig in dem Sinne ist, dass er die neue Sprache spricht. Aber dann hätte man schon von vornherein beide Sprachen als Familiensprachen pflegen sollen. Tut man es im Nachhinein, ist die Gefahr viel zu groß, dass die Aufgabe, die L1 des Kindes zu pflegen, dabei vernachlässigt wird.

Von einem solchen Sprachwechsel in der Familie ist ganz besonders Familien mit Migrationshintergrund abzuraten, da sich meistens das Gegenteil dessen einstellt, was erreicht werden soll. In der Regel sind die Bereiche, in denen die Herkunfts-/Familiensprache angewendet werden kann, ohnehin reduziert, z. B. nicht am Arbeitsplatz, im Umgang mit den Behörden, im Kontakt mit den Einheimischen, im Straßenverkehr, und nicht zuletzt nicht als Unterrichtssprache in der Schule. Wie in Kapitel 5 erläutert, liegen hier die Anfänge für die kognitive Stagnation der Kinder mit Migrationshintergrund. Wie ebenfalls in Kapitel 5 begründet, hilft es den Kindern viel mehr, wenn sie ihre Herkunftssprache altersgemäß entwickeln können. Das kann eben nur in der Familie geschehen und indem keine Situation ausgelassen wird.

Wer sein Kind wirklich sprachlich unterstützen und dabei nichts falsch machen will, sollte dafür sorgen, dass es die Sprache dort erleben kann, wo sie tatsächlich authentisch als Umgangssprache gesprochen wird. Am besten: Ferien dort machen, wo die L2 die Landessprache ist, z. B. Englisch in England, Irland, Schottland oder einem anderen anglophonen Land oder Türkisch bei Verwandten in der Türkei. Allerdings bitte nicht da, wo sich schon viele andere Deutsche tummeln. Wichtig ist, dass die Kinder die Sprache in Situationen erleben, die nicht künstlich wie in der Schule sind und dass sie intensiv Kontakt zu Altersgenossen erhalten, sodass sie die Sprache in ihrer vollen Bandbreite erleben können. Wer keine Verwandten oder Freunde in einem dieser Länder hat, versuche es z. B. mit Ferien auf einem englischen Bauernhof, der neben Tieren und Traktoren auch Kontakt zu Gleichaltrigen – L1-englischsprachigen – Kindern zu bieten hat oder mit einem *summer camp* für englische Kinder.

Und bitte auf keinen Fall die Kinder vorführen, wenn z. B. Besuch ins Haus steht. Nach dem Muster: „Oma kommt heute. Dann musst du auch mal was auf Englisch sagen. Kannst ja bis zwanzig zählen."

Kapitel 7 war nicht als Anleitung für pionierhaft gestimmte Lehrkräfte gedacht, die sich auf eigene Faust ans Werk machen wollen, IM in die Tat umzusetzen. Es wäre schade um die verlorene Zeit, denn es liefe darauf hinaus, alles noch einmal zu erfinden. Wie in Kapitel 1 und 2 geschildert, muss die Aufgabe, Kindern schon in Kita und Grundschule zu den erforderlichen Sprachkenntnissen zu verhelfen, ganz dringend gelöst werden. Wenn die Kinder von heute, morgen beruflich konkurrenzfähig sein sollen, können wir es uns nicht leisten, weiteren Schülergenerationen nur Unterricht zu bieten, der in seinen Ergebnissen weit hinter dem Niveau zurückbleibt, das heute international erforderlich ist. Es liegen inzwischen genügend Erfahrungen auch in Deutschland dazu vor, wie mit den typischen Anfangsunsicherheiten und -problemen im IM-Unterricht umzugehen ist, bzw. wie man sie von vornherein vermeidet. Jedem sei geraten, sich diese Erfahrung zunutze zu machen. Einige Quellen werden am Schluss dieses Buches genannt.

8 Epilog: Bildung für Kinder braucht eine Lobby

Angesichts der überragenden Bedeutung, die Bildung in der Öffentlichkeit vor allem von Politikern zugewiesen wird, wirkt es geradezu paradox, dass sich Bildungsreformen selbst im Lande der Dichter und Denker nur so schwer auf den Weg bringen lassen. Davon ist der Elementarbereich mit Krippen, Kitas und Grundschulen keineswegs ausgenommen. Was nutzt es, wenn die Hochschulen ständig reformiert werden oder gar zu Eliteuniversitäten hochstilisiert werden, wenn die entscheidenden Grundlagen in Krippe, Kita und Grundschule nicht gelegt werden, damit Kinder überhaupt in die Lage versetzt werden, sich später an einem Hochschulstudium zu versuchen. Allerdings lehrt die Erfahrung überdeutlich, dass sich ohne eine starke öffentlichkeitswirksame Lobby bestenfalls wenig mehr als gar nichts bewegt. Deshalb sind in diesem abschließenden Kapitel die Argumente zusammengestellt, die sich für eine solche Lobbyarbeit als besonders wichtig erwiesen haben.

Ich beginne absichtlich mit einem kurzen historischen Abriss zur Entwicklung von IM, weil dies geradezu ein Lehrstück dafür ist, was beharrlicher Elternwille, eine engagierte Lehrerschaft und aufgeschlossene Erzieher erreichen können, wenn sie bereit sind, sich den erforderlichen Sachverstand aus wissenschaftlich fundierten Untersuchungen anzueignen.

8.1 *Canadian Parents for French (CPF):* Ein Lehrstück aus Kanada

Der Anstoß, IM als Lehrverfahren einzusetzen, kam Mitte der 1960er Jahre von knapp einem Dutzend engagierter anglophoner Eltern aus Montreal. Damals zeichnete sich in der mehrheitlich französischsprachigen Provinz Quebec ab, dass die zukünftigen Berufsaussichten für die jüngere Generation umso schlechter sein würden, je weniger Französisch sie konnte. Zu dem Zeitpunkt war gesetzlich festgelegt worden, dass sämtliche Leistungen des Staates nicht mehr wie bisher nur auf Englisch angeboten werden sollten, sondern auch auf Französisch. Die Staatsdiener mussten daher fortan beide Sprachen funktional angemessen beherrschen, was in den englischsprachigen Familien nur selten der Fall war. Deshalb verlangten die anglophonen Eltern für ihre Kinder einen erheblich ertragreicheren Französischunterricht, als sie ihn in ihrer eigenen Schulzeit erlebt hatten. Das Ziel sollte sein, eine möglichst hohe kommunikative Kompetenz zu erreichen.

Die Eltern ließen sich bei ihren Überlegungen von einer Theorie über Spracherwerb leiten, die auf den Neurologen Wilder Penfield zurückgeht und heute vor allem mit Eric Lenneberg verknüpft wird. Sie ist heute nicht mehr haltbar, war damals aber sehr populär. Sie ging davon aus, dass mit der Pubertät, also im Alter zwischen 12 und 16 Jahren, das menschliche Gehirn jene Fähigkeiten verliert, die es ermöglichen, eine zweite Sprache so zu lernen, wie kleine Kinder ihre erste (Penfield/Roberts 1959, Lenneberg 1967. Überblick Wode 1993). Aus dieser Theorie ergab sich für die Eltern, dass der Fremdsprachenunterricht möglichst früh beginnen sollte. Da ferner, wie in Kapitel 5 erläutert, Kinder beim Erlernen ihrer L1 keinerlei Hilfen durch schulischen Unterricht benötigen, sondern sich die Sprache allein durch den sprachlichen Umgang in ihrer Umgebung aneignen, wurde ganz auf herkömmliche Vermittlungstechniken verzichtet. Unter geschickter Ausnutzung der Besonderheiten des kanadischen Schulsystems gelang es den Eltern, die örtliche Schulverwaltung argumentativ derart in die Enge zu treiben, dass sie schließlich nicht anders konnte, als zuzustimmen, dass im Jahre 1965 in St. Lambert, einem Vorort von Montreal, ein erster Schulversuch unternommen werden konnte (Lambert/Tucker 1972). Wie in Kapitel 4 bereits geschildert, war der Erfolg so beeindruckend, und zwar gleichermaßen in der Einschätzung von Eltern, Erziehern, Lehrkräften und Wissenschaftlern, dass in kurzer Zeit „dammbruchähnlich" viele weitere in ganz Kanada folgten.

Aus deutscher Sicht ist es wichtig zu erkennen, weshalb es den Montrealer Eltern gelingen konnte, ihre Wünsche gegenüber den Schulbehörden durchzusetzen. Die Eltern nutzten nämlich eine Besonderheit angelsächsisch ausgerichteter Schulsysteme, die es in Deutschland nicht gibt. In der einen oder anderen Form haben diese Schulsysteme Entscheidungsgremien *(school boards)*, die u. a. über so zentrale Angelegenheiten wie die Anstellung von Lehrkräften, Finanzierung, aber auch grundlegende Dinge im Hinblick auf die Gestaltung des Unterrichts entscheiden. Die Mitglieder dieser *boards* sind nicht auf Lebenszeit ernannte Staatsbedienstete, sondern sie werden von der Bevölkerung für eine befristete Zeit gewählt, ohne dass sie beruflich mit Schule zu tun haben müssen – Rechtsanwälte, Bauunternehmer, Pastoren, Sporthelden, Lokalmatadore. Diese Entscheidungsträger sind den Wünschen der Bevölkerung viel unmittelbarer ausgesetzt als hierzulande die Kultusministerien oder die Schulaufsicht, und sie entscheiden daher auch unabhängiger von Parteizwängen.

Aus der Elterngruppe, die in Montreal so erfolgreich den IM-Unterricht durchgesetzt hatte, entwickelte sich in der Folgezeit unter dem Namen *Canadian Parents for French (CPF)* ein überaus erfolgreicher Verband, der es sich zum Ziel setzte, das IM-Verfahren bekannt zu machen und zu helfen, dass möglichst viele Kinder von ihm profitieren. Aus einer kleinen Lobbyistengruppe ist ein großer, professionell geführter Verband geworden, der sich zur mit Abstand wichtigsten Beratungsinstanz für IM entwickelt hat. Heute berät *CPF* Schulen, Provinzregierungen, Eltern und Lehrer gleichermaßen, veranstaltet Kongresse, bietet Fort- und Weiterbildungsveranstaltungen an, deckt Unzulänglichkeiten auf, veröffentlicht regelmäßig Berichte zum Stand der Entwicklung und gibt Anregungen für die IM-Forschung bzw. lässt sie selbst durchführen. Aus deutscher und europäischer Sicht fragt man sich, weshalb sich *CPF* nicht schon längst international über die Grenzen Kanadas hinaus engagiert hat, denn eine solche Instanz wird nicht nur in Deutschland dringend gebraucht.

8.2 Nur die paar Kinder aus Altenholz …

Das IM-Verfahren ist keine kanadische Erfindung. Vermutlich ist es die älteste Form, Fremdsprachen lernen zu lassen. In der Antike und im Mittelalter waren Griechisch bzw. Latein die Unterrichtssprachen (Genesee 1987). In vielen Ländern der Dritten Welt wird heute zwangsläufig nach IM verfahren. Dort ist es eine seltene Ausnahme, wenn ein Kind in seiner Familiensprache beschult wird. Im Mittelalter lernte man hervorragend Latein, weil es die Unterrichts- und Schulsprache war. In unserer Zeit wurde IM erstmals in Wales zu einer fremdsprachendidaktischen Konzeption weiterentwickelt, und zwar in den sogenannten *Welshmedium schools.* In ihnen wird Walisisch, auch Kymrisch genannt, als Unterrichtssprache verwendet und später um Englisch ergänzt. Nach Edwards (1984) entstand die erste derartige Schule 1939 als Privatschule in Aberystwyth. Sie wurde zum Modell für viele bilinguale Primarschulen in ganz Wales und erlebt derzeit eine neue Blüte, und zwar nicht weil die Briten über Nacht eine Vorliebe für Walisisch entwickelt hätten, sondern weil sich herumgesprochen hat, dass an diesen Schulen dank IM auch der Sachunterricht besonders effizient ist.

Obwohl von der Öffentlichkeit kaum wahrgenommen, verfügen wir auch in Deutschland seit mehr als 50 Jahren über zahlreiche positive Erfahrungen mit IM, und zwar durch die Dänischen Schulen in Schleswig-Holstein. Wie in Kapitel 6.3.2 geschildert, wird dort nach dem gleichen Modell wie in Altenholz verfahren. Die Kinder werden auf Dänisch beschult, obwohl sie in der Regel deutschsprachig sind oder Deutsch ihre stärkere Sprache ist. Sie kommen mit drei Jahren oder früher in die Kita, können anschließend eine Dänische Grundschule besuchen und danach auf eine Dänische Haupt- oder Realschule oder auf ein Dänisches Gymnasium wechseln.

Damit erübrigt sich auch der Einwand, es gäbe hierzulande noch nicht genug Erfahrung mit IM. Zwar ist es richtig, dass die Zahl der Kinder, die zwischen 1999 und 2006 in Altenholz IM-Unterricht erhalten haben, mit etwa 200 aus neun Klassen noch relativ klein ist. Nun ging es in Altenholz nicht darum, IM neu zu erfinden, sondern zu zeigen, dass das Verfahren auch im öffentlichen Bildungssystem in Deutschland anwendbar ist und zu Ergebnissen führt, die aus anderen Ländern längst bekannt sind. Leider lassen sich in Deutschland bisher kaum Eltern mit dem Argument für IM erwärmen, man würde ihre Kinder auf eine Weise fördern, wie sie sich für Minderheiten, z.B. an den Dänischen Schulen, bewährt habe. Dass IM auch in Deutschland funktioniert, musste im Rahmen der Regelschule anhand der dort am weitesten verbreiteten Fremdsprache gezeigt werden, eben am Beispiel von Englisch. Der Hinweis auf Kanada und die Dritte Welt sollte zeigen, dass deutsche Schüler kein Sonderfall sind, sondern sich nahtlos in das einfügen, was Kinder überall auf der Welt leisten, wenn man ihnen nur die Voraussetzungen dafür bietet.

8.3 Weshalb gerade Immersion für Deutschland?

Es gibt nichts Ertragreicheres

Wie in den Kapiteln 3 und 4 schon betont, gilt IM derzeit weltweit als das mit Abstand ertragreichste Verfahren zur Vermittlung von Sprachen. Nur mit IM lassen sich sowohl der erforderliche hohe Intensitätsgrad von ca. 70 % der Gesamtunterrichtszeit als auch die erforderliche strukturelle Vielfalt im Input erreichen, damit ein angemessenes Fremdsprachenniveau erzielt werden kann, ohne dass Beeinträchtigungen für die anderen schulischen Belange zu befürchten sind. Man beachte aber, dass sich diese

70 % in Deutschland auf Halbtagsschulen beziehen und nicht auf Ganztagsschulen, wie sie in vielen anderen Ländern üblich sind.

Es gibt nichts Kindgemäßeres

Da jegliches Erklären, Korrigieren oder Üben unterbleiben kann, kann kaum ein Lehrverfahren kindgemäßer als IM sein. Das Lernen ist den Kindern überlassen. So wird sichergestellt, dass sie nicht überfordert werden und die Modalitäten des Lernens selbst bestimmen können. Das tun sie so, wie sie es im nichtschulischen L2-Erwerb auch machen. IM fördert und fordert wie kein anderes Lehrverfahren die Aktivierung der natürlichen Sprachlernfähigkeiten von Kindern.

Es gibt nichts Kostengünstigeres

Darüber hinaus lassen sich mit IM die Kosten für die Frühvermittlung von Sprachen drastisch senken. Wenn beispielsweise zusätzliche Stunden und damit Lehrkräfte bereitgestellt werden müssen, bilden diese den gravierendsten Kostenfaktor. Diese zusätzlichen Kosten sind bedingt durch die Lehrmethode. Beim herkömmlichen stundenweise erteilten lehrgangsorientierten Unterricht ist nicht zu vermeiden, dass zusätzliche Stunden bereitgestellt werden müssen. Das erfordert zusätzliche Lehrkräfte in beträchtlichem Umfang, wenn die Frühvermittlung nach dieser Methode flächendeckend organisiert werden soll. Bei IM hingegen entstehen diese Kosten nicht, da die Kinder die Zeit, die sie ohnehin in der Schule zubringen, doppelt nutzen, nämlich für den Sachunterricht, wie ihn die Lehrpläne vorsehen, und für den Erwerb der neuen Sprache.

Umgekehrt lassen sich beträchtliche Summen einsparen, wenn der stundenweise Unterricht durch IM ersetzt wird. Beispielsweise verweist die Landesregierung Baden-Württembergs darauf, 1500 neue Lehrerstellen bereitgestellt zu haben, damit die Frühvermittlung von Englisch oder Französisch als erster Fremdsprache flächendeckend ab der ersten Klasse der Grundschule eingeführt werden konnte. Veranschlagt man eine Lehrerstelle mit Kosten von € 40.000 pro Jahr, ergibt sich eine jährliche Summe von € 60.000.000. Wird dieser Unterricht tatsächlich bis zum Ende der Grundschule durchgehalten, vervierfacht sich die Summe, da ja vier Klassenstufen gleichzeitig zu berücksichtigen sind. In dem Maße, in dem dieser stundenweise Unterricht durch den beträchtlich ertragreicheren IM-Unterricht ersetzt wird, ergibt sich ein stattliches Einsparpotenzial. Gelänge es z. B. innerhalb von zehn Jahren ein Drittel dieses stundenweisen Unterrichts durch IM zu ersetzten, ließen sich bis zu € 80.000.000 einsparen, ganz zu schweigen davon, was gespart werden könnte, wenn es nicht nur bei diesem einen Drittel bliebe. Welcher Steuerzahler und welcher Finanzminister möchte da nicht für IM optieren?

Daher sollte schon aus finanziellen und Effektivitätsgründen IM nicht nur für Krippen, Kitas und Grundschulen, sondern generell bei allen Überlegungen zur Weiterentwicklung des Fremdsprachenunterrichts berücksichtigt werden.

8.4 Aber es fehlen ausgebildete Erzieher und Lehrkräfte ...

Ein besonders beliebtes Argument, sich gegen IM auszusprechen, besteht in dem Hinweis, dass uns derzeit die für IM ausgebildeten Erzieher und Lehrkräfte fehlen und dass schon deshalb keine IM angeboten werden kann. Dieses Argument ist mindestens so alt wie die Wiederbelebung von IM in Kanada Mitte der 1960er Jahre. Dort hatte man auch keine für IM ausgebildeten Erzieher und Lehrkräfte. Aber man tat, was die Vernunft gebot: Man machte sich daran, eine solche Ausbildung zu entwickeln. Das müsste auch in Deutschland geschehen, und es müsste noch nicht einmal zusätzliche Kosten in nennenswertem Umfang verursachen, wenn man einen Teil der jetzt verfügbaren Ressourcen nicht länger in herkömmliche Ausbildungsgänge steckt, die auf Lehrmethoden ausgerichtet sind, von denen wir wissen, dass sich mit ihnen die Ziele, die heute aufgrund der zunehmenden Europäisierung und Globalisierung erreicht werden müssen, nicht erreichen lassen.

8.5 Zur Rolle der Lehrkraft: Kinder eigenständig lernen lassen

Nur auf den ersten Blick mag es so aussehen, als ändere sich die Rolle der Erzieher und Lehrkräfte radikal. Sie geben bei IM nicht mehr – wie in den herkömmlichen Formen des lehrgangsorientierten Unterrichts – die Strukturen vor, die jeweils zu lernen sind. Das Korrigieren nach herkömmlichem Muster unterbleibt, Fehler werden toleriert, Strukturen werden nicht erklärt und Regeln nicht zum Thema gemacht. Das Lernen wird konsequent den Kindern überlassen. Sie bestimmen – und zwar intuitiv – wie sich ihre Lernfähigkeiten entfalten. Die zentrale Aufgabe der Lehrkräfte ist es, für den sprachlichen Input zu sorgen. Je vielfältiger das Spektrum der immersiv unterrichteten Fächer, desto vielfältiger sind zwangsläufig die Themen und damit der sprachliche Input für die Kinder und umso erfolgreicher wiederum verläuft deren Lernprozess.

Dabei ist die oben skizzierte neue Rolle der IM-Lehrkräfte und Erzieher keineswegs so neu, denn viele der für IM unerlässlichen Elemente, sind aus dem modernen herkömmlichen Fremdsprachenunterricht bekannt. Außerdem ist die Arbeitsweise in Krippen und Kitas der IM-Methode ohnehin schon näher als die in der Schule.

8.6 Quereinsteiger

Gerade angesichts der immer stärker von der Wirtschaft geforderten Mobilität der Arbeitskräfte ist es von ganz besonderer Bedeutung, dass man abschätzen kann, ob und in welchem Ausmaß IM-Unterricht Quereinsteiger verträgt, wie weit also auch Kinder mit geringeren oder ganz ohne Englischvorkenntnisse am IM-Unterricht teilnehmen können, ohne dass längerfristig Beeinträchtigungen zu befürchten sind bzw. die Entwicklung der anderen Kinder gehemmt wird. Die zunehmende Globalisierung der Wirtschaft im Verbund mit der schon erwähnten höheren Mobilität der Arbeitnehmer wird dazu führen, dass die Zahl solcher Quereinsteiger in allen Altersstufen zunehmen wird.

Die bisherigen Erfahrungen und die wissenschaftlichen Ergebnisse aus Altenholz sind ganz eindeutig. Wie in Kapitel 3 und 4 dargelegt wurde, holen die Kinder, die ohne Englischkenntnisse in die erste Klasse kommen, bis gegen Ende der zweiten Klasse so weit auf, dass sie das untere und mittlere Leistungsdrittel der Kinder mit Englischvorkenntnissen erreichen. Am Ende der vierten Klasse sind keine Unterschiede mehr zu erkennen.

Ähnlich entwickeln sich die Kinder, die im Laufe der Grundschulzeit hinzukommen. Auch sie holen auf. Wichtig ist, dass die Kinder mit Englischvorkenntnissen aus bilingualen Kitagruppen in der Klasse dominieren, denn dann reißen sie diejenigen ohne Vorkenntnisse mit.

Die Frage der Quereinsteiger ist allerdings bislang in der Forschung nur im Altenholzer Verbund thematisiert worden. Weder aus der kanadischen Forschung noch aus anderen Ländern sind solche Studien bekannt.

8.7 Anschluss an den Sekundarbereich

In Kapitel 7 wurde bereits erläutert, dass es sich angesichts des Niveaus, das die IM-Kinder am Ende der vierten Klasse erreichen, von selbst verbietet, in der Sekundarstufe lehrgangsorientierten Regelunterricht zu geben. Deshalb war angeregt worden, dass mit Beginn der Sekundarstufe I von den im Lehrplan vorgesehenen Stunden für die erste Fremdsprache lediglich ein oder zwei für Englisch eingesetzt werden, damit vor allem die Schriftlichkeit altersgemäß weiterentwickelt werden kann. Ansonsten wird Englisch durch IM in zwei oder drei Fächern weiter gefördert. Die so „eingesparten" Stunden stehen dann für die Vermittlung der zweiten Fremdsprache zur Verfügung. Auf diese Weise werden die eingangs genannten unabdingbaren Voraussetzungen dafür geschaffen, dass auch die zweite Fremdsprache intensiv und lange genug gepflegt werden kann, damit bis zum Ende der Schulzeit das funktional erforderliche Niveau erreicht werden kann. Dafür empfiehlt es sich, auf den überaus ertragreichen bilingualen Unterricht zurückzugreifen (z. B. Wode 1992; Wode 1998a, b; Wode et al. 1999).

8.8 Früher L2-Erwerb, kognitive Entwicklung und lebenslanges Lernen

Wer die Immersionsmethode nicht kennt, wird erst einmal vermuten, dass man die Inhalte der immersiv unterrichteten Fächer kaum angemessen lernen kann, wenn man die Unterrichtssprache nicht beherrscht, und dass auch die vermittelten Konzepte nicht die erforderliche Schärfe und Präzision haben. Wie in Kapitel 4 ausführlicher gezeigt, sind die Forschungsergebnisse ganz eindeutig: Solche Befürchtungen sind völlig gegenstandslos.

Mehr noch, in den wissenschaftlichen Untersuchungen zu IM hat sich immer wieder herausgestellt, dass die IM-Kinder nicht schlechter als ihre in der L1 unterrichteten Altersgenossen waren, und dass erstere sogar oft noch etwas besser abschnitten. Das gilt für die Ergebnisse aus Kanada und für die europäischen. Die Gründe dafür sind alles andere als klar. Man könnte argumentieren, dieses Leistungsplus erwachse aus einer – möglicherweise unbeabsichtigten – Selektion, da sich nur die leistungsstärkeren bzw. leistungsbereiteren Kinder freiwillig für den IM-Unterricht melden. Man könnte auch meinen, dass die Art, wie IM-Unterricht gemacht wird, zu einer höheren Lernmotivation bei den Kindern führt. Eine dritte Alternative wäre anzunehmen, dass der sehr früh einsetzende intensive L2-Erwerb durch IM die Funktionsweise des Gedächtnisses positiv beeinflusst. Dafür könnte sprechen, dass jüngst durch bildgebende Computerverfahren nachgewiesen wurde, dass bei Kindern, die vor Ende des dritten Lebensjahres eine zweite Sprache erwerben, diese L2 in den gleichen Hirnarealen gespeichert wird wie die L1. Bei Lernern, deren L2-Erwerb später einsetzt, werden für die neue Sprache andere Areale genutzt. Eine letzte Erklärung könnte schließlich die sein, die von Dalgalian 2005 präsentiert wurde. Er verweist auf jüngste Forschungsergebnisse aus dem Pariser Forschungszentrum INSERM. Dort fand man heraus, dass bei der Lösung mathematischer Probleme, die nicht auf Schätzen, sondern auf der Anwendung von mathematischen Regeln beruhen, auch das Bocasche Zentrum, das bislang als eines der Sprachzentren galt, aktiviert wird.

Gleichgültig für welche Erklärung man sich entscheidet, Tatsache ist, dass der frühe L2-Erwerb durch intensive IM automatisch zu einem kognitiven Plus und zu einer auf eigenständiges lebenslanges Lernen ausgerichteten Einstellung führt. Beides bleibt den Kindern vorenthalten, die nicht das Glück haben, frühen IM-Unterricht zu erhalten.

Natürlich wird niemand Kindern die Chancen, die IM bietet, auf Dauer vorenthalten wollen. Da zurzeit die Voraussetzungen nicht gegeben sind, IM drastisch auszuweiten, gilt es, sie zu schaffen. Dabei dürfen die Institutionen, die Erzieher und die Lehrkräfte nicht mit dem Problem allein gelassen werden. Sie werden derzeit ohnehin in einem Maße mit Neuerungen überschüttet, dass sie gar nicht die erforderliche Zeit und Muße aufbringen können, sich IM mit der gebotenen Sorgfalt zu widmen.

Die Hauptschwierigkeit besteht darin, dass derzeit nicht genügend für IM ausgebildetes Personal zur Verfügung steht, weil es in Deutschland bis vor kurzem die Fächer Englisch oder Französisch in der Grundschullehrerausbildung noch gar nicht gab. Deshalb fehlen derzeit sowohl die Lehrkräfte für die herkömmliche Art des lehrgangsorientierten Fremdsprachenunterrichts als erst recht solche für IM.

Ähnliches gilt für die vorschulischen Einrichtungen von Krippe und Kita. Deutschland ist längst nicht mehr einsprachig. Der Alltag unser Kinder ist in einem hohen Maße durch Mehrsprachigkeit geprägt, ohne dass dies bislang seinen Niederschlag in der Ausbildung gefunden hätte.

Erfreulicherweise beginnt sich diese Situation zu ändern. Die ersten Bundesländer haben damit begonnen, Studiengänge für Fremdsprachenunterricht an der Grundschule einzurichten, allerdings spielt IM in seinen intensiven Spielarten noch keine Rolle. Diese Ansätze gilt es voranzutreiben. Fremdsprachenunterricht muss an allen Grundschulen obligatorisch werden, und IM muss wegen seiner Leistungsfähigkeit und weil es die kostengünstigste Form der Frühvermittlung von Fremdsprachen ist, nicht nur einbezogen, sondern zur hauptsächlich verwendeten Methode werden. Deshalb wären die Mittel, die die Lehrerausbildung ohnehin erfordert, fehlinvestiert, wenn sie lediglich der herkömmlichen lehrgangsorientierten Art der Ausbildung zuflössen. Sie ist nicht mehr zeitgemäß. Mit dieser Art von Fremdsprachenunterricht lassen sich die Herausforderungen von heute nicht meistern, und die von morgen erst recht nicht.

Diese Erkenntnis muss sich auch in den zuständigen Kultusministerien und Ausbildungsinstitutionen durchsetzen. Es gilt zu beherzigen, dass die junge Generation einen Anspruch darauf hat, dass ihr die derzeit erfolgversprechendste Lösung nicht deshalb vorenthalten wird, weil die Voraussetzungen für ihre Anwendung gar nicht erst geschaffen werden. Kinder und Bildung brauchen eine Lobby, die von den Nutzern ausgeht. Deshalb stehen gerade die Eltern, die Wirtschaft, die Erzieher und die Lehrerschaft in der Pflicht, gemeinsam zu fordern, dass das Nötige getan wird, und zwar über PISA hinaus auch für den Bereich des Fremdsprachenlernens, damit nicht nur ein kleiner Kreis von Kindern von IM profitiert.

Dabei sollte man sich in der gegenwärtigen Diskussion nicht durch die verwendete Terminologie blenden lassen. Begriffe wie *bilingual, Bilingualität, Bilingualismus, immersiv* oder *Immersion* haben geradezu Hochkonjunktur. Allerdings werden sie in ganz unterschiedlicher Bedeutung verwendet. Worauf es im Zusammenhang mit dem Anliegen dieses Buches ankommt, ist, dass man erkennt, dass in sehr vielen Fällen das gemeint ist, was schon im Vorwort und in Kapitel 5.4.1 als unzureichend entlarvt wurde, nämlich wenn die zu lernende Sprache in zu geringer Intensität verwendet wird, etwa wenn gemeint ist, dass einzelne Module zu ausgewählten Sachbereichen in der neuen Sprache angeboten werden, und das dann auch noch in stundenweise erteiltem Unterricht von zwei bis drei Stunden pro Woche. Man kann es gar nicht oft genug wiederholen: IM führt nur dann zu den gewünschten Ergebnissen, wenn sie intensiv und lange genug durchgeführt wird und wenn der Input strukturell möglichst reichhaltig ist.

Lektürevorschläge zum Vertiefen

Die Art von Fremdsprachenvermittlung, wie sie hier vorgestellt worden ist, entspricht wahrlich nicht dem, was die Generation der jetzigen Eltern und schon gar nicht ihrer Eltern in der Schule selbst erlebt hat. Noch entspricht es dem, was den derzeitigen Lehrkräften in ihrer Ausbildung geboten worden ist. Vor diesem Hintergrund muss die Materie als relativ komplex erscheinen. Deshalb scheint es ratsam, an dieser Stelle einige Hilfen als Einstieg für diejenigen zu geben, die sich ausführlicher mit IM befassen möchten, indem einige Berichte aufgeführt und kurz charakterisiert werden, die von vornherein für ein allgemeines Publikum ohne ausgesprochene sprachwissenschaftliche oder psycholinguistische Kenntnisse gedacht waren. Die meisten der empfohlenen Texte beziehen sich auf die Altenholzer Erprobung.

Wie lernen Kinder Sprachen? Wie Erwachsene? Wie wird die Muttersprache erworben? Wie die zweite oder dritte Sprache? Wie wird eine einmal gelernte, dann aber vergessene Sprache wieder gelernt?
Wode, H. 1993. Psycholinguistik - Eine Einführung in die Lehr- und Lernbarkeit von Sprachen. Ismaning: Hueber
   Wichtig ist, dass stets alle Spracherwerbstypen im Auge behalten werden. Denn in Deutschland ist die sprachliche Situation unter den Schulkindern längst nicht mehr so, dass es ausschließlich oder vor allem um L1-deutschsprachige Kinder geht. Praktisch kommen alle Spracherwerbstypen vor.

Welche Arten von IM gibt es? In welchen Ländern werden sie eingesetzt? Was genau leisten sie dort? Wie erfolgt bilingualer Unterricht im Sekundarbereich in Deutschland? Was ist immersiv an ihm, und was leistet er?
Wode, H. 1995. Lernen in der Fremdsprache: Grundzüge von Immersion und bilingualem Unterricht. Ismaning: Hueber
   Wichtig ist dreierlei. Zum ersten, dass klar wird, dass sich IM vielfältig modifizieren lässt und damit sehr flexibel im Hinblick auf die Zwänge des jeweiligen nationalen Bildungssystems ausgerichtet werden kann. Zum zweiten, dass die hohe Leistungsfähigkeit von IM immer dann erhalten bleibt, wenn die drei Faktoren Intensität, sprachliche Vielfalt im Input und die angemessene Dauer des IM-Unterrichts im Sinne von Kapitel 5.4.1 gewährleistet ist. Und drittens, dass stets die 3-Sprachenformel als zentrales Anliegen der EU-Sprachpolitik mitbedacht

wird. In der EU, und damit auch in Deutschland geht es nicht darum, über IM nur eine zusätzliche Sprache zu fördern sondern mindestens zwei.

Wie funktioniert eine immersive Kita?
Wode, H. 2000. Mehrsprachigkeit durch bilinguale Kindergärten: Warum sollte man sie einrichten? Wie sind sie zu organisieren? Was leisten sie? Kiel: Englisches Seminar der Universität
Wode, H. 2004a. Frühes Fremdsprachenlernen: Englisch ab Kita und Grundschule: Warum? Wie? Was bringt es? Kiel: Verein für frühe Mehrsprachigkeit an Kinderstageseinrichtungen und Schulen FMKS
Wode, H. 2005. Mehrsprachigkeit durch immersive Kitas. In: H. Rieder-Aigner (ed.) Zukunfts-Handbuch Kindertageseinrichtungen. Regensburg: Walhalla, 1-16

Wode 2000 spiegelt die ursprünglichen Überlegungen. Sie waren noch stark auf die Kita fixiert. Allerdings war noch nicht klar, wie mit den unterschiedlichen sprachlichen Situationen umzugehen war. Die Weiterentwicklung des Altenholzer Models zeigen dann Wode 2004a und Wode 2005.
Wode 2004a illustriert, welches Niveau die IM-Kinder in ihrem Englisch erreichen können, wenn IM intensiv und kontinuierlich bis zum Ende der Grundschule fortgeführt wird. In Wode 2005 gilt das Hauptaugenmerk den Kindern nichtdeutscher Muttersprache. Ausführlich besprochen wird, dass der Grund für den überproportional häufigen Misserfolg dieser Kinder in der Schule ihre unzureichenden Kenntnisse der Landessprache und ihre bildungsferne Einstellung zu Schule und Schriftlichkeit ist. Damit solche Kinder den Anschluss in der Schule finden können, muss ihre Einstellung zu Schule und Schriftlichkeit rechtzeitig geändert werden. Das gelingt besonders gut in der Krippe oder Kita über die stärkere Sprache der Kinder, also in der Regel über die Familiensprache.

Grundzüge der IM-Didaktik
Burmeister, P. & Pasternak, R. 2004. Früh und intensiv: Englische Immersion in der Grundschule am Beispiel der Claus-Rixen-Grundschule in Altenholz. In: Fachverband fmf, Landesverband Schleswig-Holstein (ed.) Mitteilungsblatt August 2004, 24–30

Leider hat IM noch nicht im erforderlichen Maße Eingang in die Lehrerausbildung gefunden. Das gilt für die Hochschulen genauso wie für die Referendarsausbildung. Es bleibt daher kaum etwas Anderes übrig, als dass Schulen und Lehrkräfte noch auf einige Zeit sich eigenständig ans Werk machen müssen und aufgrund mündlicher Berichte, Hospitationen und Lektüre einschlägiger Texte IM einfach ausprobieren.

Aus der Sicht der Schule/Schulleitung
Fischer, U. 2006. Übergang Kita-Grundschule in der deutsch-englischen bilingualen Claus-Rixen-Grundschule in Altenholz. In: Euro-Schulen Görlitz/Zittau (ed.) Dokumentation der Fachtagung „Bilingualität in Kindertageseinrichtungen und der Schuleingangsstufe – warum fördern?" vom 23. September 2006 in Ostritz. Görlitz, 30–33
   Uta Fischer leitet die Claus-Rixen-Grundschule in Altenholz. Sie fasst wichtige Aspekte zusammen, die man bei der Planung von IM-Unterricht berücksichtigen sollte.

Verbund von Grundschule und weiterführenden Schulen
Wode, H. 2002. Fremdsprachenvermittlung in Kita, Grundschule und Sekundarbereich: Ein integrierter Ansatz. Perspektiven Englisch 3, 33–42
   Eine kurze Skizze, wie Primar- und Sekundarbereich ineinander greifen, damit in der weiterführenden Schule sowohl die erste Fremdsprache altersgemäß weiterentwickelt werden kann und gleichzeitig genügend Zeit für die intensive Förderung der zweiten zusätzlichen Sprache zur Verfügung steht.

Andere Sprachen und sprachliche Situationen
Die EU und ihre Mitgliedsländer würden ihrer eigenen Sprachpolitik nicht gerecht, wenn Englisch weiterhin derart im Vordergrund steht wie bisher. Weitere Sprachen und sprachliche Situationen müssen einbezogen werden. Besondere Beachtung im Hinblick auf die Nutzung von IM finden derzeit Grenzregionen und inländische Minderheiten. In Kapitel 6.3.2 ist bereits ausführlich über dänische IM für deutsche Kinder in den Dänischen Schulen in Schleswig-Holstein und über niederdeutsche IM für Kinder in Ostfriesland berichtet worden. Einen Überblick über den Stand der Entwicklungen an der deutsch-polnischen Grenze bieten jüngst Bien-Lietz/Vogel 2008 und zur deutsch-tschechischen Grenzregion Freistaat Sachsen 2007. Letztere bezieht auch das Sorbische mit ein. Beachtenswert an diesen Grenzregionen ist, dass nach Lösungen gesucht wird, die sicherstellen, dass auf jeder Seite der Grenze die jeweilige Nachbarsprache intensiv gelernt wird.

Wie man an Rat und weitere Informationen kommt

Für Probleme der Praxis, z. B. erstes Kennenlernen im weitesten Sinne, Unterrichtshospitationen, administrative Aspekte, Erfahrungen mit den Eltern usw. sollte man sich als erstes an Einrichtungen wenden, die intensive IM tatsächlich seit mehreren Jahren praktizieren und die mindestens zwei Jahrgänge von der Kita bis zum Abschluss der Grundschule geführt haben. Es ist einfach überaus hilfreich, wenn die Einrichtungen über Erfahrungen verfügen, wie man sich durch die tägliche Praxis leiten lassen kann, um die Methode dann zu ändern, wenn die ursprünglichen theoretischen Vorstellungen nicht zur täglichen Arbeit mit den Kindern passen wollen. Das ist nach wie vor der Altenholzer Verbund mit der *AWO-Kita Altenholz*, der Claus-Rixen-Schule und der Arbeitsgruppe Wode vom Englischen Seminar der Universität Kiel bzw. Wissenschaftler, die aus ihr hervorgegangen sind:

AWO-Kita Altenholz
  Sabine Devich-Henningsen (Leitung)
  Klausdorfer Str. 72
  24161 Altenholz
  Tel.: 0431/329491-13
  Fax: 0431/329491-17
  @-mail: awo.kita@kielnet.net
  www.awokita-altenholz.de

Claus-Rixen-Schule:
  Uta Fischer (Schulleiterin)
  Claus-Rixen-Schule
  Klausdorfer Str. 72
  24161 Altenholz
  Tel.: 0431/2609600
  Fax: 0431/3201-145
  @-mail: claus-rixen-schule.altenholz@schule.landsh.de
  www.claus-rixen-schule.lernnetz.de

Universität Kiel, Englisches Seminar:
Prof. Dr. Henning Wode (wissenschaftliche Begleitung)
Englisches Seminar der Universität
Olshausenstr. 40
24089 Kiel
Tel.: 0431/880-2245
Fax: 0431/880-1512
@-mail: hb.wode@t-online.de
http://www.anglistik.uni-kiel.de/Chairs/Linguist/docs/ger/
mitarbeiter/ma/hw.html

Prof. Dr. Petra Burmeister
Pädagogische Hochschule Weingarten
Fakultät II: Englisch
Kirchplatz 2
88250 Weingarten
Tel. 0751 5018284
@-mail: burmeister@ph-weingarten.de

Prof. Dr. Thorsten Piske
Pädagogische Hochschule Schwäbisch Gmünd
Institut für Sprache und Literatur
Oberbettringer Straße 200
73525 Schwäbisch Gmünd
Tel.: 07171-983 364
Fax: 07171-983 371
@-mail: thorsten.piske@ph-gmuend.de
http://www.ph-gmuend.de

Prof. Dr. Andreas Rohde
Englisches Seminar II
Philosophische Fakultät der Universität zu Köln
Gronewaldstraße 2
50931 Köln
Tel.: 0221 470-4638
Fax: 0221 470-5045
@-mail: andreas.rohde@uni-koeln.de

In vieler Hinsicht bietet sich als ganz besonders hilfreicher erster Einstieg die Internetseite des *Verein für frühe Mehrsprachigkeit in Kindertageseinrichtungen und Grundschulen (FMKS)* an. Dieser gemeinnützige Verein wurde von einigen Eltern, deren Kinder zu den ersten Altenholzer IM-Jahrgängen gehörten, gegründet. Sein Ziel ist die Förderung von IM-

Unterricht über Altenholz hinaus, damit möglichst bald möglichst viele Kinder in den Genuss von IM kommen. Inzwischen hat der FMKS über hundert Mitglieder und verfügt über eine hoch informative Internetseite mit vielen Informationen zu IM (u. a. eine Job-Börse, neueste Forschungsergebnisse, Adressen von bilingualen Kitas und Schulen, einschlägigen Veranstaltungen usw.). Darüber hinaus vermittelt der FMKS Kontakte zu Wissenschaftlern, wenn Schwierigkeiten auftauchen oder eine besondere Beratung gewünscht wird.

Verein für frühe Mehrsprachigkeit in Kindertageseinrichtungen und Grundschulen (FMKS).
Dr. Anette Lommel (Vorsitzende)
Steenbeker Weg 81
24106 Kiel
Tel.: 0431/3890479
@-mail: fmks@fmks.eu
www.fmks.eu

Bibliographie

HL = unveröffentlichte Staatsexamensarbeit
MA = Magisterarbeit

Apeltauer, E. 2004. Sprachliche Frühförderung von zweisprachig aufwachsenden türkischen Vorschulkindern; Sonderheft 1 der Flensburger Papiere zur Mehrsprachigkeit und Kulturenvielfalt. Flensburg: Universität Flensburg

Arnau, J. & Artigal, J. 1998 (ed.) Els Programes d'immersió: una Perspectiva Europea – Immersion Programs: a European Perspective. Barcelona: Universitat de Barcelona,

August, D., Calderón, M. & Carlo, M. 2002. Transfer of skills from Spanish to English: A study of young learners. Report for practitioners, parents and policy makers. Washington: Center for Applied Linguistics (http://www.cal.org/pubs/articles/skillstransfer-nabe.html)

Bachem, J. 2004. Lesefähigkeiten deutscher Kinder im frühen englischen Immersionsunterricht. MA, Englisches Seminar Universität Kiel

Baetens Beardsmore, H. 1993 (ed.) European models of bilingual education. Clevedon: Multilingual Matters

Baker, C. ^{3}2001. Foundations of bilingual education and bilingualism. Clevedon et al.: Multilingual Matters

Baumert, J., Klieme, E., Neubrand, M., Prenzel, M., Schiefele, U., Schneider, W., Stanat, Tillmann, K-J. & Weiß, M. 2001 (ed.) PISA 2000: Basiskompetenzen von Schülerinnen und Schülern im internationalen Vergleich. Opladen: Leske + Budrich.

Beauné, A. 2003. Eine Zweitsprache im Kindergarten lernen. In: E. Hammes-Di Bernardo & P. Oberhuemer (ed.) Startchance Sprache: Sprache als Schlüssel zur Bildung und Chancengleichheit. Baltmannsweiler: Schneider Verlag Hohengehren, 167–172

Bel, A. 1994. Evaluating immersion programmes: The Catalan Case. In: C. Laurén (ed.) Evaluating European immersion programs. Vaasa: Vaasa University Press, 27–46.

Berger, C. 1999. Pilotuntersuchungen zum Lauterwerb des Englischen in bilingualen Kindergärten am Beispiel der „Roten Gruppe" in der AWO-Kindertagesstätte Altenholz". HL, Universität Kiel.

Bien-Lietz, M. & Vogel, Th. 2008 (ed.) Frühstart in die Nachbarsprache: Handbuch für den Spracherwerb in der deutsch-polnischen Grenzregion. Frankfurt/Oder: Europa-Universität Viadrina

Böttger, H. 2009. Englischunterricht in der 5. Klasse an Realschulen und Gymnasien. Eine qualitative Studie zur Behandlung der Ergebnisse des Englischunterrichts in der Grundschule im bayerischen Schulsystem. Lehrstuhl für Schulpädagogik, Universität Erlangen-Nürnberg

Bongaerts, Th., Mennen, S. & van der Slik, F. 2000. Authenticity of pronunciation in naturalistic second language acquisition: The case of very advanced late learners of Dutch as a second language. Studia Linguistica 54, 298–308

Bruck, M. 1978. The suitability of early French immersion programs for the language-disabled child. Canadian Modern Language Review 34, 884–887.

Bruck, M. 1982. Language-disabled children: Performance in additive bilingual education programs. Applied Psycholinguistics 3, 45–75.

Burmeister, P. 2006. Immersion und Sprachunterricht im Vergleich. In: M. Pienemann, J.-U. Kessler & E. Roos (ed.) Englischerwerb in der Grundschule. Paderborn: Schöningh, 197–216

Burmeister, P. & Daniel, A. 2002. How effective is late partial immersion? Some findings of a secondary school program in Germany. In: P. Burmeister, T. Piske & A. Rohde (ed.) An integrated view of language development: Papers in honor of Henning Wode. Trier, Wissenschaftlicher Verlag Trier, 499–515

Burmeister, P. & Pasternak, R. 2004. Früh und intensiv: Englische Immersion in der Grundschule am Beispiel der Claus-Rixen-Grundschule in Altenholz. In: Fachverband fmf, Landesverband Schleswig-Holstein (ed.) Mitteilungsblatt August 2004, 24–30

Cazabon, M., Lambert, W. E. & Hall, G. 1993. Two-way bilingual education: A progress report on the Amigos program. Cambridge, MA: National Center for Research on Cultural Diversity and Second Language Learning

Cohrs, I. 1998. Analysen zur Syntax: Satzstrukturen bilingual und nichtbilingual unterrichteter Schüler der 10. Klassenstufen. Kiel: l&f Verlag

Commission académique d'évaluation de l'enseignement des langues 1996 (ed.) Rapport 1995–1996. Academy de Strasbourg

Commission académique d'évaluation de l'enseignement des langues 1997 (ed.) Rapport 1996–1997. Academy de Strasbourg

Cummins, J. 1986a. Linguistic interdependence: A central principle of bilingual education. In: Cummins, J. & Swain, M. (ed.) Bilingualism in education. New York: Longman, 80–95

Cummins, J. 1986b. Language proficiency and academic achievement. In: Cummins, J. & Swain, M. (ed.) Bilingualism in education. New York: Longman 138–161

Cummins, J. 1998. Immersion education for the millennium: What have we learned from 30 years of research on second language immersion? In: Childs, M. R. & Bostwick, R. M. (ed.) Learning through two languages: Research and practice. Second Katoh Gakuen International Symposium on Immersion and Bilingual Education. Katoh Gakuen, Japan, 34–47

Dalgalian, G. 2005. Frühe Zweisprachigkeit: Was uns die Psycholinguistik und die Neurowissenschafteten zu sagen haben. In: Doyé, P. (ed.) Kernfragen des Fremdsprachenunterrichts in der Grundschule. Braunschweig: Westermann, 128–139

Daniel, A. 2001. Lernerwortschatz und Wortschatzlernen im bilingualen Unterricht. Frankfurt a. M et al.: Peter Lang

Danska Skoleforening for Sydslesvig 1989. Danske skole og børnehaver i Sydslesvig/Dänische Schulen und Kindergärten in Südschleswig. Flensburg: Flensborg Avis

Daschke, K. 2007. Strategien zur Überwindung von Wortschatzlücken im Englischen bei immersiv unterrichteten deutschen Kindern. MA, Universität Kiel

Doyé, P. 2005 (ed.) Kernfragen des Fremdsprachenunterrichts in der Grundschule. Braunschweig: Westermann

Edwards, D. G. 1984. Welsh-medium education. Journal of Multilingual and multicultural Development 5, 249–257

Europäische Kommission 2004. Förderung des Sprachenlernens und der Sprachenvielfalt. Luxemburg: Amt für amtliche Veröffentlichungen der Europäischen Gemeinschaften

Fischer, U. 2006. Übergang Kita-Grundschule in der deutsch-englischen bilingualen Claus-Rixen-Grundschule in Altenholz. In: Euro-Schulen Görlitz/Zittau (ed.) Dokumentation der Fachtagung „Bilingualität in Kindertageseinrichtungen und der Schuleingangsstufe – warum fördern?" vom 23. September 2006 in Ostritz. Görlitz, 30–33

Freistaat Sachsen 2007 (ed.) Mehrsprachige Angebote in sächsischen Kindertageseinrichtungen der Euroregion Neiße-Nisa-Nysa. Dresden: Sächsisches Staatsministerium für Soziales

Geiger-Jaillet, A. 2005. Sprachunterricht im Elsaß: Die Modelle 3 – 6 – 13 und ihre Umsetzung. In: Schlemminger, G. (ed.) Aspekte bilingualen Lehrens und Lernens. Baltmannsweiler: Schneider Verlag Hohengehren, 95–135.

Genesee, F., 1987. Learning through two languages: Studies of immersion and bilingual education. Cambridge, MA: Newbury House

Genesee, F. & Stanley, M. 1976. The development of English writing skills in French immersion programs. CMLR 33, 328–332

Genesee, F., Holobow, N., Lambert, W.E., Cleghorn, A. & Walling, R., 1985. The linguistic and academic development of English-speaking children in French schools: Grade 4 outcomes. CMLR 41, 669–685

Grahl, S. 2003. Zweitspracherwerb in einer slavischen Sprache: Die Verbflexion bei bilingual unterrichteten Kindern des Witaj-Projektes in Cottbus. HL, Universität Kiel

Haberzettl, S. 2005. Der Erwerb der Verbendstellungsregeln in der Zweitsprache Deutsch durch Kinder mit russischer und türkischer Muttersprache. Tübingen: Niemeyer

Harley, B. 1986. Age in second language acquisition. Clevedon, Avon: Multilingual Matters

Heine, M., Riccò, A. & Schoof-Wetzig, D. 2003 (ed.) Bilinguales Lernen im interkulturellen Kontext. Braunschweig: Westermann

Hermann-Brennecke, G. 1999 (ed.) Frühes schulisches Fremdsprachenlernen zwischen Empirie & Theorie. Münster et al.: LIT Verlag

Heye, S. 2007. Entwicklung der Negationsstrukturen im Altenholzer Immersions(IM-)modell. HL, Universität Kiel

Imhoff, C. 2002. Die Entwicklung der Verbflexion von der 1. zur 2. Klasse bei immersiv unterrichteten Grundschulkindern der Claus-Rixen. Schule (Jahrgang 1999/2000): Eine Profilanalyse. HL, Universität Kiel

Immhoff, C. 2000. Der Schulbildertest. Mimeo, Universität Kiel: Englisches Seminar

Johnson, R.K. & Swain, M. 1997 (ed.) Immersion education: International perspectives. Cambridge: Cambridge University Press

Johnstone, R., Harlen, W., MacNeil, M., Stradling, B. & Thorpe, G. 2004. The attainment of pupils receiving Gaelic-medium primary education in Scotland (http://www.scotland.gov.uk/library3/education/i62-02.asp)

Joswig, N. 2007. Kommunikationsstrategien und lexikalische Lücken im Altenholzer Immersionsunterricht (4. Jahrgang, 1.–4. Klasse). HL, Universität Kiel

Kersten, K., Imhoff, C. & Sauer, B. 2002. The acquisition of English verbs in an elementary school immersion program in Germany. In: P. Burmeister, T. Piske & A. Rohde (ed.). An integrated view of language development: Papers in honor of Henning Wode. Trier: Wissenschaftlicher Verlag Trier, 473–497

Kickler, K. U. 1995. Wortschatzerwerb im bilingualen Unterricht. Pilotstudie zur Evaluierung der lexikalischen Fähigkeiten bilingual unterrichteter Schüler anhand eines kommunikativen Tests. Kiel: l&f Verlag

Kim, K.H.S., Relkin, N.R., Lee, K-M. & Hirsch, J. 1997. Distinct cortical areas associated with native and second languages. Nature 388, 171-4

Kuyumcu, R. 2006. Sprachlernvoraussetzungen zweisprachig aufwachsender türkischer Kinder: Zwei Einzelfallstudien. In: Ahrenholz, B. & Apeltauer, E. (ed.) Zweitspracherwerb und curriculare Dimensionen. Empirische Untersuchungen zum Deutsch lernen in Kindergarten und Grundschule. Tübingen: Stauffenburg

Kuyumcu, S. & Kuyumcu, R. 2004. Wie zweisprachiges Aufwachsen gelingen kann: Entwicklung von Literalität in Kooperation mit Migranteneltern. Kindergarten Heute 34, Freiburg: Herder Verlag, 22–27

Lambert, W.E. & Tucker, G.R., 1972. The bilingual education of children: The St. Lambert experiment. Rowley, MA: Newbury House

Landeshauptstadt Kiel 2007. Das Kieler Modell: Literalität und Spracherwerb von zweisprachigen Kindern. Kiel: Amt für Schule, Kinder- und Jugendeinrichtungen

Lehmann, R. H., Peek, R. & Poerschke, J. 1997. HAMLET 3-4. Hamburger Lesetest für 3. und 4. Klassen. Beiheft mit Anleitung. Weinheim und Basel: Beltz Verlag

Lenneberg, E., 1967. Biological foundations of language. New York et al.: Wiley

Lindholm-Leary, K. 2001. Dual language education. Clevedon: Multilingual Matters

Maibaum, T. 2000. Replikationsstudien zum Erwerb des Wortschatzes in der Fremdsprache in bilingualen Kindergärten. MA., Universität Kiel

Mayer, M. 1969. Frog, Where Are You? New York: Pied Piper

Mukherjee, V., 1999. Schriftlichkeit im bilingualen Unterricht: Kohäsive Merkmale in schriftlichen L2-Daten bilingual deutsch-englisch unterrichteter Schüler der 7. Jahrgangsstufe. Kiel: l&f Verlag

Nath, C., Olthoff, A. & Wouk, C. 2006. Vergleichsstudie zum plattdeutschen Sprachbestand in den Kindertagesstätten in Ostfriesland 1997–2006. Aurich: Ostfriesische Landschaft Plattdütsbüro (Mimeo)

Norberg, M. 2006 (ed.) Das bilinguale Sprachprogramm WITAJ in der Kindertagesstätte und in der Schule in der Niederlaussitz: Einblicke und Ausblicke. Bautzen: WITAJ- Sprachzentrum

Ostfriesische Landschaft 2003 (ed.) Mehrsprachigkeit in der Vor- und Grundschulperiode. Schwerpunkt Bilingualer Unterricht in der Grundschule. Dokumentation der Ergebnisse des gleichnamigen EU-Projekts. Aurich: Ostfriesische Landschaft Plattdütsbüro

Ostfriesische Landschaft [2]2007 (ed.) Die Zukunft ist mehrsprachig: Vorteile der mehrsprachigen Erziehung in Familie, Kindergarten und Grundschule. Infobroschüre für Erzieherinnen, Lehrkräfte und Eltern. Aurich: Ostfriesische Landschaft Plattdütsbüro

Peal, E. & Lambert, W.E. 1962. The relation of bilingualism and intelligence. Psychological Monographs 76, 1–23

Pennfield, W. & Roberts, L. 1959. Speech and brain mechanisms. Princeton: Princeton University Press

Petit, J., 1996. Rapport d'évaluation sur les classes ABCM du Haut-Rhin. Année 1996. Rapport à l'intention du Conseil régional du Haut-Rhin. Colmar: Service langue et culture régionales

Petit, J. 2002. Acquisition strategies of German in Alsatian immersion classrooms. In: P. Burmeister, T. Piske & A. Rohde (ed.). An integrated view of language development: Papers in honor of Henning Wode. Trier: Wissenschaftlicher Verlag Trier, 433–448

Petit, J. & Rosenblatt, F., 1994. Synthèse de trois années d'évaluation des classes bilingues, hors contrat et associatives à parités horaires. Rapport à l'intention du Conseil régionale du Haut-Rhin, Colmar: Service langue et culture régionales

Pfaff, C. W. 1992. The isssue of grammaticalization in early German second language. Studies in Second Language Acquisition 14, 237–296

Piske, Th., Mackay, I.R.A. & Flege, J.E. 2001. Factors affecting degree of foreign accent in an L2: A review. Journal of Phonetics 29, 191–215

Rasch, A. 2007. Verbflexionen, Komposita und präpositionelle Probleme im Grundschulalter. Mimeo, Universität Kiel: Englisches Seminar

Rebuffot, J., 1993. Le point sur l'immersion au Canada. Anjou, Québec: Ediflex

Rohde, A. 1999. Early lexical development in non-tutored L2 acquisition. In: S. Foster-Cohen, M. Lambert, C. Perdue & R. Rast (ed.). Proceedings of the 8th Eurosla Conference, Paris: Universität Paris, Bd. 2: From word to structure, 49–59

Rohde, A. 2005. Lexikalische Prinzipien im Erst- und Zweitsprachenerwerb. Trier: Wissenschaftlicher Verlag Trier

Rohde, A., & Tiefenthal, C. 2000. Fast Mapping in Early L2 lexical acquisition. Studia Linguistica 54, 167–174

Rosen, B. 2008. Wortschatzlücken und Kommunikationsstrategien im frühen Immersionsunterricht (4. Jahrgang, 1.–4. Klasse, CRS). HL, Universität Kiel

Sauer, H. 2000. Frühes Fremdsprachenlernen in Grundschulen – ein Irrweg? NM 53, 2–7

Sieg, A. 2004. Die Entwicklung der Phonologie von der dritten zur vierten Klasse des ersten immersiv auf Englisch unterrichteten Jahrgangs der Claus-Rixen-Schule. MA, Universität Kiel

Sieh-Böhrnsen, W. 2004. Verbflexionen im englischen Immersionsunterricht der 1.–4. Klasse. HL, Universität Kiel

Skutnabb-Kangas, T. & Toukomaa, P. 1976. Teaching migrant children mother tongue and learning the language of the host country in the context of socio-cultural situation of the migrant family. Tampere, Finland: Tukimuksia Research Reports

Steigenberger, I. 2006. Lösungsstrategien für lexikalische Lücken im frühen Immersionsunterricht. HL, Universität Kiel

Swain, M. 1975. Writing skills of grade three French immersion pupils. Working Papers on Bilingualism 7, 1–38

Swain, M. & Lapkin, S., 1982. Evaluating bilingual education: A Canadian case study. Clevedon: Multingual Matters

Thielking, D. 2006. Pilotuntersuchungen zum Sprachstand immersiv unterrichteter deutscher Viertklässler im Rahmen internationaler Zertifizierungstests. HL, Universität Kiel

Tiefenthal, C. 1999. Die Entwicklung des Wortschatzes der Fremdsprache in einem deutsch-englisch bilingualen Kindergarten. MA, Universität Kiel.

Tiefenthal, C. 2008. *Fast Mapping* im natürlichen L2-Erwerb. Diss., Universität Kiel

Tonn, G., 1999. Pilotuntersuchungen zum Lauterwerb des Englischen in bilingualen Kindergärten am Beispiel der „grünen Gruppe" der AWO-Kindertagesstätte in Altenholz. HL, Universität Kiel

Von Berg, B. 2005. Muttersprachliche Lesefähigkeiten bei L2-Immersionsunterricht: Eine Pilotstudie. HL, Universität Kiel

Weisgerber, L. 1966. Vorteile und Gefahren der Zweisprachigkeit. Wirkendes Wort 16, 73–89

Wesche, M. B., 2002. Early French Immersion: How has the original Canadian model stood the test of time? In: Burmeister, P., Piske, T. & Rohde, A. (ed.) An integrated view of language development. Papers in Honor of Henning Wode. Trier: WVT Wissenschaftlicher Verlag Trier, 357–379

Westphal, K., 1998. Pilotuntersuchungen zum L2-Erwerb in bilingualen Kindergärten. M.A., Universität Kiel

Wode, H., 1981. Learning a second language. Tübingen: Narr

Wode, H., 1983. Language acquisition, pidgins, and language typology. In: Wode, H. (ed.) Papers on language acquisition, language learning, and language teaching. Heidelberg: Julius Groos Verlag, 169–174

Wode, H., 1992. Immersion und bilingualer Unterricht in europäischer Sicht. In: H. Eichheim (ed.) Fremdsprachenunterricht – Verstehensunterricht: Wege und Ziele. München: rother druck, 45–73

Wode, H. 1993. Psycholinguistik – Eine Einführung in die Lehr- und Lernbarkeit von Sprachen. Ismaning: Hueber

Wode, H. 1994. Bilinguale Unterrichtserprobung in Schleswig-Hostein. 2 Bde. Kiel: l&f Verlag

Wode, H. 1995. Lernen in der Fremdsprache: Grundzüge von Immersion und bilingualem Unterricht. Ismaning: Hueber

Wode, H., 1997d. Bilinguale Kindergärten: Wieso? Weshalb? Warum? Voraussetzungen und Bedingungen für den Erwerb einer Zweitsprache. KiTa aktuell 10/1997, 203–207

Wode, H., 1998a. A European perspective on immersion teaching: A German scenario. In: J. Arnau & J. Artigal (ed.). Els Programes d'immersió: una Perspectiva Europea – Immersion Programmes: a European Perspective. Barcelona: Universitat de Barcelona, 43–65

Wode, H., 1998b. Bilingualer Unterricht – wie geht's weiter? In: H.-E. Piepho & A. Kubanek-German (ed.). „I beg to differ": Festschrift für Hans Hunfeld. München: Iudicium-Verlag, 215–231

Wode, H. 2000. Mehrsprachigkeit durch bilinguale Kindergärten: Warum sollte man sie einrichten? Wie sind sie zu organisieren? Was leisten sie? Kiel: Englisches Seminar der Universität

Wode, H. 2001. Mehrsprachigkeit durch Kindergarten und Grundschule: Chance oder Risiko. Nouveaux Cahiers d'Allemand 19, 157–178

Wode, H. 2002. Fremdsprachenvermittlung in Kita, Grundschule und Sekundarbereich: Ein integrierter Ansatz. Perspektiven Englisch 3, 33–42

Wode, H. 2004a. Frühes Fremdsprachenlernen: Englisch ab Kita und Grundschule: Warum? Wie? Was bringt es? Kiel: Verein für frühe Mehrsprachigkeit an Kinderstageseinrichtungen und Schulen FMKS

Wode, H. 2004b. Warum bilinguale Kitas so wichtig für die Förderung von Mehrsprachigkeit sind. KiTa 12, 34–37

Wode, H. 2005. Mehrsprachigkeit durch immersive Kitas. In: H. Rieder-Aigner (ed.) Zukunfts-Handbuch Kindertageseinrichtungen. Regensburg: Walhalla, 1–16

Wode, H. 2007. Frühe Sprachförderung in Grenzregionen durch Immersion In: Freistaat Sachsen (ed.), Mehrsprachige Angebote in sächsischen Kindertageseinrichtungen der Euroregion Neiße-Nisa-Nysa. Dresden, 8–17

Wode, H. 2008a. Wie funktioniert Immersion? In: Bien-Lietz, M. & Vogel, Th. (ed.) Frühstart in die Nachbarsprache: Handbuch für den Spracherwerb in der deutsch-polnischen Grenzregion. Frankfurt/Oder: Europa-Universität Viadrina, 139–152

Wode, H. 2008b. Immersion und ihr Bedingungsgefüge. In: Ministerium für Bildung, Familie, Frauen und Kultur des Saarlandes (ed.) Mehrsprachiges Aufwachsen in der frühen Kindheit: Fakten, Voraussetzungen, Möglichkeiten für einen gelenkten Spracherwerb, Bd. I. Weimar/Berlin: verlag das netz, 97–107

Wode, H. 2009. Developing non-native pronunciation in immersion settings. In: Piske, Th. & Young-Scholten, M. (ed.) Input matters in SLA. Bristol et al.: Multilingual Matters, 238–256

Wode, H. i. Vorb. Frühes Fremdsprachen lernen in Kindergärten und Grundschulen: Eine Dokumentation

Wode, H., Burmeister, P., Daniel, A., Kickler, K. & Knust, M., 1996. Die Erprobung von deutsch-englisch bilingualem Unterricht in Schleswig-Holstein: Ein erster Zwischenbericht. Zeitschrift für Fremdsprachenforschung 7, 15–42

Wode, H., Burmeister, P., Daniel, A., Rohde, A. 1999. Verbundmöglichkeiten von Kindergarten, Grundschule und Sekundarstufe I im Hinblick auf den Einsatz von bilingualem Unterricht. ZIFU 4 (http://www.ualberta.ca/-german/ejournal/wode2.htm)

Wode, H., S. Devich-Henningsen, U. Fischer, V. Franzen & R. Pasternak 2002. Englisch durch bilinguale Kitas und Immersionsunterricht in der Grundschule: Erfahrungen aus der Praxis und Forschungsergebnisse. In: B. Voss & E. Stahlheber (ed.) *Fremdsprachen auf dem Prüfstand: Innovation – Qualität – Evaluation*. Berlin: Pädagogischer Zeitschriftenverlag, 139–149

Wode, H. & Werlen, E. 2003. Was Kinder können können. Grundschulmagazin Englisch 6, 6–9

Wode, H. & Girotto, I. 2008. Evaluierung zur Entwicklung des Deutschen: Annäherung an die deutsche Sprache und Kultur im italienischen Kindergarten. Meran: Alpha & Beta Verlag; Klagenfurth: DRAVA Verlag